Bärbel Stolz

Isch des bio?

Die Prenzlschwäbin
erzählt aus ihrem Kiez

GOLDMANN

Der Verlag weist ausdrücklich darauf hin, dass im Text enthaltene externe Links vom Verlag nur bis zum Zeitpunkt der Buchveröffentlichung eingesehen werden konnten. Auf spätere Veränderungen hat der Verlag keinerlei Einfluss. Eine Haftung des Verlags für externe Links ist daher ausgeschlossen.

Verlagsgruppe Random House FSC® N001967

Dieses Buch ist auch als E-Book erhältlich.

1. Auflage
Originalausgabe August 2016
Wilhelm Goldmann Verlag, München,
in der Verlagsgruppe Random House GmbH,
Neumarkter Straße 28, 81673 München
Umschlag: Uno Werbeagentur, München
Umschlagmotiv Café: Gettyimages/Graham Monro/gm photographics
Autorenfoto: © Joachim Gern
Copyright der Innenteilfotos:
Kapitel 26: © Winfried Schauer
Kapitel 33: © Christa Schleker
Alle weiteren Bilder: © Sebastian Stolz
Satz: Buch-Werkstatt GmbH, Bad Aibling
Druck und Bindung: CPI books GmbH, Leck
JE · Herstellung: IH
Printed in Germany
ISBN 978-3-442-17597-0
www.goldmann-verlag.de

Besuchen Sie den Goldmann Verlag im Netz

Für meine Eltern Christa und Martin Schleker

Inhalt

Jetzt bin ich am Ziel	9
Hand vorn Mund oder die Anonymität der Großstadt	17
Berliner Schnauze	23
Frühstücken gehen	29
Berlin ist groß – alles ums Eck	37
Ostalgien	43
Det is Vintätsch	51
Cool bleiben	57
Geh Scheißn!	63
Ein Häuschen in der Uckermark	69
Selbstverwirklichungsbasteleien	77
Kindergeburtstag	87
Radler	95
Des find ich jetzt net so gut	103
Hundeglück	109
Ich habe gestohlen, ich habe gelogen, ich habe die Katze am Schwanz gezogen	117
Die Hermeneutik der Zugehörigkeit	125

Die Wandmalerei	131
Die Warze	139
Landesvertretung – Community	145
Erdung	153
Nur schnell ein Brot bei Sebastien	159
Mein Kind ist hochbegabt	165
Kotze-Design	173
Schwabenhass	181
Kreative Misophonie	191
Flohmarkt	197
Fasnet vs. Loveparade	205
Helikoptern	213
Besuch von der Alb	221
Diese Zugezogenen!	231
Taximeinungen	237
Wieder drhoim	245
Schwäbinnen im Löwe-Mond	255
Isch des bio?	263
Danksagung	269

Jetzt bin ich am Ziel

Berlin 1996.

»Entschuldiget Sie!«
  »Ja?«
  »Wie komm ich denn zur Dunckerstraß?«
  »Ernsthaft jetze?«
  »Bidde?«
  »Willst du mich verarschen?«
  »Ob i – was? Noi, nein, auf gar koin Fall.«
  »Na, dann quatsch nich so 'ne Scheiße hier! Mann!«

Der Typ dreht sich kopfschüttelnd um und geht die Straße entlang. Langsam verschwimmt sein grüner Parka vor meinen Augen. Ach du liebe Zeit. Ich fange an zu weinen. So weit ist es schon gekommen. Dabei bin ich doch erst seit drei Stunden in Berlin.

Am Bahnhof Zoo war ich ausgestiegen und erst einmal ein bisschen herumgelaufen, um die Atmosphäre einzusaugen. »Ich bin in Berlin«, summe ich vor mich hin. Aus »Linie 1«, dem Berlin-Musical. »Ich spür's wie Feuer, jetzt bin ich am Ziel, ich schnapp gleich über, Mann, ist das 'n Gefü-«
  »Haste mal 'ne Mark?«

Ich starre den abgerissenen Mann an, der neben der Treppe kauert und meinen Jackenzipfel gepackt hat. Toll. Genau wie in dem

Film! Und ich mittendrin. Jetzt geht es wirklich los. Ich hab die schwäbische Provinz hinter mir gelassen, um in der Hauptstadt auf die Schauspielschule zu gehen, auf DIE Schauspielschule.

»Wat grinste denn so blöde?«, grölt der Penner beleidigt und spuckt vor mir aus. Erschrocken springe ich zur Seite.

»Hoi, Entschuldigung, klar han i a Mark. Moment.«

Der arme Mann kann ja nicht wissen, dass er mein erstes Linie 1-Erlebnis in Berlin ist. Mit diesem Spruch begrüßt zu werden, ist mir auf jeden Fall eine Mark wert.

Ich lasse meinen schweren Rucksack auf den Boden plumpsen und krame nach meinem Portemonnaie. In Gedanken sage ich jetzt *Portmonee,* nicht *Geldbeutel.* Macht man so in Berlin. Endlich kriege ich ihn zu fassen. Mist. Ich hab nur Scheine. Und zehn Pfennig.

Der Penner mustert mich abschätzig.

»Na, jefunden, gnä Frau?«

Verschämt lasse ich die Münze in seinen Pappbecher fallen. Dann greife ich blitzschnell meinen Rucksack und will losstürmen.

»He, willste mich verarschen? 'n Groschen? Wat soll ich 'n damit? Geh doch zurück nach Sindelfingen, du Kuh!«

Ich stolpere weiter, mein Gesicht brennt vor Scham. Wieso denn jetzt Sindelfingen? Woher weiß der denn, dass ich aus Schwaben komme? Also, nicht aus Sindelfingen, aber trotzdem.

Ich irre durch die Bahnhofshallen und stehe schließlich vor einer Currywurstbude. Kurz darauf halte ich dem Penner eine Bockwurst vor die Nase. Auf der Pappe liegt ein Markstück. Der Mann blickt mich finster an.

»Wer bist du denn? Wat grinste hier so blöd, du dumme Ziege?«

»I… ich hab Ihne a Wurscht ond…«

»Seh ick so aus, als ob ick deine alte Wurst essen will? Mann. Haste mal 'ne Mark?«

Ich nicke verwundert.

»Ja, mir hend doch grad … i war doch grad schon mal …«

Ich schüttle mich und lege dem Mann die Mark in die geöffnete Hand. In dem Musical ging es sehr viel herzlicher zu. Vielleicht kennt er das nicht.

»Schöna Dag no«, murmle ich und stapfe zur S-Bahn.

Ich hab es mir genau aufgeschrieben. Weil grad »Schienenersatzverkehr« ist, tolles Wort. Am Alexanderplatz umsteigen. Und dann zur U2. Dazu muss ich durch die Unterführung. Moment, grade war da doch noch ein Schild, auf dem »U« stand. Meine Güte, ist das unübersichtlich. Aber das ist ja auch nicht Hayingen, wo ich um die Zeit im »Städtle« kaum jemandem begegnen würde. Hier wuselt es geradezu von Menschen, die genau wissen, wo sie hinwollen.

»Fragsch halt nomol«, ermuntere ich mich leise.

»Entschuldigung, geht's da zur U2?«

Die junge Frau mit den grünen Haaren lacht auf.

»Willst du mich verarschen oder wat?«

Ich versuche auch ein Lachen, aber irgendwie missglückt es mir. Der Rucksack ist zu schwer, er drückt mir auf die Schultern.

»Noi, wirklich net, ich muss do nei.«

Die junge Frau kneift die Augen zusammen. Dann deutet sie mit dem Kopf in die Richtung, aus der ich gerade gekommen bin.

»Da lang.«

»Echt? Do na?«

Seufzend wende ich mich um, da seh ich sie aus dem Augenwinkel loslachen. So eine dumme Nuss, die hat mich angelogen, jede Wette.

Entschlossen marschiere ich in die entgegengesetzte Richtung, und nach endlosen Gängen taucht endlich eine Treppe auf. Die Linie 2, ich hab sie gefunden!

Ich wünschte, jemand würde mich sehen. Wie souverän ich das mache. Ich wünschte, alle könnten mich sehen! Ich stelle mir vor, wie eine Kamera mir folgt und die Stimme von Bruce Willis dazu spricht. Und wie meine Eltern zu Hause in der Stube sitzen und die Doku über mich anschauen. Hier, bitte: Eberswalder Straße, das ist die Station, an der ich rausmuss.

Toll, die ist sogar überirdisch. Das gefällt mir.

So. Jetzt zur Dunckerstraße. Die ist hier gleich ums Eck.

»Höchstens so lang wie der Weg zur U-Bahn«, kichere ich.

Nur, in welche Richtung muss ich denn da? Unter der Erde hab ich total die Orientierung verloren und weiß nicht mehr, wo Norden und Süden ist. Nur, dass ich im Osten bin, hihi.

»Entschuldiget Sie.«

»Hmm?«

»Wie komm i denn bidde zur Dunckerstraß?«

Das Pärchen grinst mich breit an.

»Dunckerstraße, wa? Na, da gehste hier die Eberswalder lang und denn rechts rein.«

»Danke schön.«

Na bitte. Gleich bin ich da. Ich fange wieder zu summen an. »Ich spür's wie Feuer, jetzt bin ich am Ziel, ich schnapp gleich über, Mann ist das ... Moment. Das kann aber doch net sei!«

Ich bin an einem Park angekommen, in dem offensichtlich ein Sportstadion ist. Das stimmt sicher nicht. Ich schaue nach den Straßenschildern und bleibe unschlüssig stehen. »Entschuldiget Sie, isch hier die Dunckerstraß?«

»Siehste se irgendwo?«

»Noi, deswege, i–«

»Tja, denn isse hier wohl auch nich.«

Seufzend schleppe ich meinen Rucksack zurück zur U-Bahn. Ich fang einfach nochmal da an.

Jetzt frag ich mal das Mädchen, die sieht harmlos aus.

»Entschuldigung.«
»Ja?«
»Woisch du, wo die Dunckerstraß isch?«
Das Mädchen schaut mich freundlich an.
»Noi, leider net. Aber woisch du, in welche Richtung i zum Alex komm?«
Oh. Eine Schwäbin. Aber immerhin kann ich ihr helfen. Da komme ich ja grade her.
»Ja, da musch die Bahn auf der anderen Seite nehme.«
»Danke. Ond viel Glück.«

Ich schaue ihr nach. Ob sie auf dem umgekehrten Weg ist wie ich? Jetzt zum Alex, dann zum Zoo und dann in den Zug nach Stuttgart? Dann straffe ich die Schultern. Ich werde nicht umkehren. Ich werde jetzt zur Dunckerstraße finden, die ist hier um die Ecke, verdammt!

Eine dreiviertel Stunde später bin ich schweißgebadet und verzweifelt. Ein Mann hatte mich eine Kastanienallee entlanggeschickt, aber bei der Schwedter Strasse hatte mich eine Oma wieder umkehren lassen und eine Dimitroffstraße suchen lassen, die es gar nicht mehr gibt, wie mir einer mit Latzhose schließlich verraten hatte. Ich war die Schönhauser Allee entlangmarschiert und hatte vor dem Frannz-Club gestanden. Wusste hier denn niemand, wo die Dunckerstraße war? Oder wollten sie es nur mir nicht sagen? Und warum nicht? Warum wollen sie mich nicht mitspielen lassen? Ich habe Durst, und meine Füße tun weh. Menno. Doofes Berlin. Eigentlich auch total häßlich hier. Die Häuser sind grau. Und die Straßen voller Hundescheiße. Und die Leute sind gemein. Und auch häßlich.

Ein letzter Versuch. Da, der Typ mit dem grünen Parka.

»Entschuldigt Sie!«
»Ja?«
»Wie komm ich denn zur Dunckerstraße?«

»Ernsthaft jetze?«
»Bidde?«
»Willst du mich verarschen?«
»Ob i – was? Noi, nein, auf gar koin Fall.«
»Na, dann quatsch nich so 'ne Scheiße hier! Mann!«

Ich werfe meinen Rucksack auf den Boden und lasse mich darauffallen. Ich kann nicht mehr. Warum machen die das mit mir? Wollen die mich zurückjagen? In meine Müdigkeit mischt sich Sehnsucht nach dem eifrigen, durchdringenden Schwäbisch. In Stuttgart hätte mir längst jemand in aller Ausführlichkeit den Weg beschrieben. Den richtigen. Und noch eine Alternative dazu. Und den besten Bäcker auf dem Weg. Ich wische mir die Tränen aus den Augen.

»Hey, was is'n mit dir los?«
Eine junge Frau mit einem blonden Pferdeschwanz schaut mich mitfühlend an.
»Hast du dich verletzt?«
Ich schüttle den Kopf.
»Nur verlaufe.«
»Wo willste denn hin?«
Ich schniefe.
»Dunckerstraße.«
Meine Stimme ist ganz piepsig. Die junge Frau schaut mich ungläubig an. Dann beginnt sie schallend zu lachen. Jetzt ist es genug. Jetzt werde ich wütend.
»Was isch denn da dran so luschtig, Heilandzack?«
»Welche Nummer?«
»Siebzehn, wieso?«
»Dann sind es von hier noch genau siebzehn Häuser. Auf der Straßenseite.«

Ungläubig starre ich sie an. Dann hebe ich den Blick zu dem Straßenschild, unter dem ich kauere.

DUNCKERSTRASSE

Na bitte. Wer sagt's denn?, denke ich mir. Wie heißt es so schön?

»Sei immer froh und heiter,
hab stets einen guten Humor,
dann kommst du im Leben weiter
wie's Ulmer Spätzle durchs Tor.«

Hand vorm Mund oder die Anonymität der Großstadt

Es ist ja so. Auf der Alb kennt man sich. Wenn man auch nicht mit jedem aus dem Ort schon mal *die Stiege runtergfalle isch,* so hat man sich doch zumindest mal gesehen. Deswegen grüßt man sich, wenn man sich auf der Straße begegnet. Man nickt sich zu, man sagt »Guda Morga«, »'n Obad« oder halt »Grüß Gott«, das geht immer. Es kann natürlich auch passieren, dass man mal niemandem begegnet, den man grüßen könnte, obwohl man den ganzen Tag draußen war.

So ist das in Berlin nicht.

Wirklich nicht. Hier sind die Straßen immer voller Menschen – zumindest im Prenzlauer Berg, einem Stadtteil in Ostberlin, der bei jungen Leuten sehr beliebt ist. Es kann natürlich sein, dass das in Lichtenrade anders ist. Nee, das kann nicht nur sein, das ist definitiv so. Aber da wohne ich nicht, ich lebe im Prenzlauer Berg! Wie sehr viele andere Menschen auch, wie gesagt. Deswegen sind die Bürgersteige immer voll. Ich gehe gern schnell, ich bin keine Bummlerin, von denen haben wir hier genug. Ich kann mich prima zwischen den Leuten durchschlängeln. Ich hab ja die Augen auf. Eigentlich gibt es doch dann diese stumme Verständigung darüber, wer auf welche Seite ausweicht. Dann nickt man sich zu oder lächelt. Und ich sage: »Grüß Gott!« Das rutscht mir so raus, ehrlich, das ist einfach ein Reflex. Jahrelang wurde mir eingeimpft: »Sagsch au Guta Morga, komm, Bärbele.« Oder »Ja, ka' ma net Grüß Gott sage?« Und wenn meine

Oma mir dann mit enttäuschter Miene erklärte: »Die Frau Herter hat gsagt, du hasch se gar net grüßt! Ja, wie sieht denn des aus?« Und ich dann sagte: »Aber die kenn i doch gar net.« Dann war aber 's Heu honta – das heißt, das Heu war unten, und das ist in dem Fall nichts Gutes. Denn »des isch doch no lang koin Grund, dass du net Grüß Gott sagsch. Ma grüßt doch an jeden do em Städtle.«

Das prägt sich ein, sehr tief. Und egal wie groß das *Städle* ist, in das du mittlerweile gezogen bist, du nimmst deine Erziehung mit. Also grüße ich. Ich grüße die Apothekerin, ich grüße den Metzger, und ich grüße die Bäckerin, aber das ist ja eh klar, oder? Also, wenn man in einen Laden reinkommt, dann grüßt man doch und sagt nicht nur: »Zwei Schrippen!« Also, meine Bäckerin mag das auch. Die lacht immer. Also wenn sie da ist, mein ich. Das ist hier halt nicht so wie in Hayingen, dass man sicher sein kann, immer auf dieselben Verkäuferinnen zu treffen. Aber jedenfalls, diese freut sich immer. Bei der hab ich ganz am Anfang was gekauft, wie nenn ich das jetzt …? Also, ja, genau, Krapfen! Im Rheinland sagt man, glaube ich, Krapfen, das kann man als neutralen Begriff so stehen lassen, da weiß jeder, was gemeint ist, oder? Dieses Schmalzgebäck mit Marmelade drin. Bei uns, also in Schwaben, heißen die »Berliner«. Also stapf ich in die Bäckerei und grüße, und die Verkäuferin lächelt mich an. Und ich sage: »Einen Berliner, bitte.«

»Watt für 'n Ding?«

Ich zeige schüchtern auf das Teilchen, das ich meine, und gucke die Verkäuferin mit großen Augen an.

»Ach so, 'n Fannkuchen«, ruft sie. »Himbeermarmelade oder Flaummus?«

Das klingt so herrlich, dass ich gar nicht daran denke, mich zu genieren. Das »Pf« wird zu einem sehr saftigen »F«. Ich will es zu gern auch ausprobieren, und deshalb bestelle ich schnell: »Äh …

einen Fannkuchen mit Flaummus.« Seitdem kennen wir uns, die Bäckerin und ich, und ich grüße sie, ist ja klar.

Wenn ich Nachbarn im Hausflur treffe, grüße ich auch. Ich hab auch über mir und unter mir geklingelt und gesagt: »Hallo, ich bin d' Bärbel, ich zieh jetzt hier ei.«

Also, bis hierhin ist das vielleicht noch vertretbar, könnte man sagen. Jetzt kommt's: Ich grüße auch, wenn ich in die U-Bahn steige, wenn ich die Saunatür aufmache und im Wartesaal vom Einwohnermeldeamt. Es steckt einfach drin. Einmal hat einer zurückgegrüßt auf der Straße! Ich war mir sicher, den kenn ich. »Guta Morga«, ruf ich fröhlich, und er nickt und ruft »Hallo«. Drei Straßen weiter fällt mir ein: Das war Jürgen Vogel, den kenn ich – aus'm Fernsehen! Aber er hat gegrüßt. Ist vielleicht doch nicht so schlimm.

Aber zurück zur U-Bahn. Ich bin gerade nach Berlin gezogen, kenne noch niemanden und die Stadt erst recht nicht. Ich erobere sie mir beharrlich mit Stadtplan und mithilfe der BVG, der Berliner Verkehrsbetriebe. Da sitze ich dann in der Bahn und freue mich, in Berlin zu sein. Und habe das Gefühl, dass Berlin sich auch freut. Warum denn auch nicht? Ich würde am liebsten allen Leuten um mich herum erzählen, dass ich hier jetzt wohne und keine Touristin bin. Ich gehöre dazu. Ein Gefühl der Verbundenheit. Da niest der Mann neben mir plötzlich. Ganz automatisch sage ich: »Gesundheit.« Plötzlich habe ich das Gefühl, dass alle um mich her erstarren. Ich weiß, mittlerweile sagt man das laut Knigge nicht mehr. Im Gegenteil, derjenige, der geniest hat, muss sich entschuldigen. Aber das find ich saublöd. Als würde man was dagegen tun können. Wurscht. Ich sage »Gesundheit«, und der Mann neben mir mustert mich misstrauisch. Ich höre förmlich seine Gedanken: Wat? Jesundheit? Ey, wer bist 'n du, kenn ick dich, oda wat? Nee, die kenn ick nich, die Kleene … hmmm.

Ich lächle tapfer und werde ein bisschen rot. Toll. Jetzt hab ich mich geoutet als Landei, als eine, die sich nicht auskennt in der Großstadt. Sonst hätte ich das doch ganz cool ignoriert wie alle anderen. Berlin hat über drei Millionen Einwohner, wie willst du die denn alle grüßen? Und dann noch die Besucher, Touristen, wasweißichalles? Na toll.

Andererseits.

Ich beginne darüber nachzudenken, wie befreiend es sein könnte, in dieser riesigen Masse unterzutauchen. Endlich mal unhöflich sein, ohne dass einen jemand später bei der Oma verpetzt. Kennt mich ja schließlich keiner. Ich könnte auch in der Nase bohren. Fänden die Leute, die hinschauen, zwar bestimmt eklig, aber am Ende des Tages hat für die eben irgendeine Frau in der U-Bahn in der Nase gebohrt. Könnte man meinen. Ob ich einfach mal …? Nee, lieber nicht, bei mir geht so was immer schief. Letztens war ich am Bahnhof Zoo und will gerade die Hardenbergstraße überqueren. Es ist Nachmittags, und ich bin müde vom Großstadtdschungel, durch den ich den ganzen Tag getigert war, und will »hoim«. Die Hände in den Taschen steh ich da und warte auf das grüne Männle an der Ampel. Da überkommt mich ein großes Gähnen. Was soll's, denk ich, ohne die Hände aus den Taschen zu nehmen. Da ruft über die vierspurige Straße hinüber ein Mann höchst empört: »Also so was! Hand vor 'n Mund!« Ob das ein Schwabe war? Ich klappe erschrocken den Mund zu. Herrschaftszeiten, bestimmt kennt der sogar meine Oma, und nachher ruft sie mich an und wieder isches Heu unten! So viel dazu, in der Anonymität der Großstadt meine Kinderstube zu vergessen …

Während ich noch darüber nachdenke, hat der Nies-Mann neben mir seine Analyse beendet. Nee, die kenn ick definitiv nich, aba macht ja nüscht. Etwas hölzern sagt er: »Danke.« Ich freu mich so, dass mir ganz kitzlig in der Nase wird. Ätsch, ihr Holzklötze, geht ja doch! Es kribbelt weiter, und keine drei Stationen später muss ich niesen. Der Mann neben mir dreht sich rüber und sagt mit strahlendem Gesicht: »Jesundheit!« Ich bedanke mich und habe das Gefühl, es ist etwas Verschwörerisches in unserem einvernehmlichen Grinsen. Ha, Berlin, denke ich, dich krieg ich schon! Und meine Oma hatte eben doch recht. »Ma muss bloß schwätze mit de Leut!«

SMOKEY DOKEY BURGER

6/Stk.

ist ein deftiges Räucherfilet, traditionell geräuchert mit Buchenholz, eingelegt in 2 Jahre gereifter japanischer Soyasauce!

CRISPY FRISPY BURGER

6/Stk.

ist ein frittierter, sehr fester, auf chinesische Art gepresster Tofu, in einer pikanten-würzigen Panade a la Southern Fried!

Käse extra / 50 Cent

Bio nach EG-Öko-Verordnung

Berliner Schnauze

»Mach 'n Mund zu. Sonst is Bambule.«

Entzückt bleibe ich stehen, mitten in der Tür des Linienbusses 100. Bambule. Toll. Ich will gerade einsteigen, da weist der Busfahrer in reinstem Dialekt ein paar Jungs zurecht, die sich hinter seinem Sitz streiten.

Ach, die Berliner Schnauze. Ich hatte mich darauf gefreut und auch ein kleines bisschen Bammel davor gehabt. Jetzt stapfe ich seit mehreren Monaten durch die neue Stadt und suche nach typischen Berlin-Erlebnissen. Ich weiß nun, was ein Pfannkuchen ist, wie man ihn ausspricht und isst. Aber das eben – boah, das ist voll Berlin, wa?

Das »wa« hinten an einem Satz kommt mir ganz vertraut vor, das ist ja das Gleiche wie das schwäbische »gell«. Passt immer, ist quasi die Bassline in allen Unterhaltungen. Dass es das gibt, wusste ich schon vorher. Auch das wunderbare Wort »Bambule« habe ich von »Linie 1« gelernt. Aber es gibt so viel zu entdecken.

»Wann soll ich da sein?«, frage ich meine Kommilitonin Anne. Sie hat eine kleine Tochter, auf die ich aufpassen soll, weil sie ein Vorsprechen hat. Wir stehen vor der Schauspielschule »Ernst Busch« in *Schweineöde,* so nennen wir den Stadtteil Schöneweide liebevoll.

»Na, so viere wär schau«, meint Anne. »Warte mal, wie spät issses denn jetze? Um zwei, wa?«

Ich starre auf ihren Mund, aus dem diese Fremdwörter so flüssig herausfließen, als könnte ich sie dadurch auffangen, genau betrachten und mir nochmal ins Ohr stecken, bis ich sie verstanden habe.

Soll ich schauen, dass ich um vier bei ihr bin? Oder schon um zwei? Aber das wäre ja ...

»Du, jetzt ist es schon dreiviertel«, sage ich vorsichtig. »Dann komm ich gleich mit, oder?«

Anne zieht die Nase kraus und kichert.

»Was heißt 'n dreiviertel? Sagt ihr das so? Is ja putzich. Viertel vor meinste, wa?«

»Ja, schon. Aber man sagt doch viertel, halb, dreiviertel ...«

Anne schaut mich ungläubig an.

»Im Ernst jetze? Aber das ist doch urst kompliziert.«

Ha. Schon wieder ein Wort. Ich hasche es wie einen Schmetterling und pinne es in mein imaginäres Wörteralbum. Urst. Was mag das bedeuten? Wo kommt das her? Von Durst vielleicht. Oder von Wurst. Das würde eigentlich beides passen. »Durst« hat ja was Dringliches und »Wurst« was Durcheinanderes, irgendwo dazwischen scheint mir die Bedeutung dieses neuen Wortes zu liegen. Ich probiere es jetzt einfach mal an, äh, aus, beschließe ich. In meinem Eifer rutsche ich wieder ins Schwäbische, was mir nicht auffällt.

»Ach, so urst ischt des gar nicht, weisch. Wenn du dir drzu a Uhr vorstellscht, dann isches eigentlich logisch, gell?«

Anne prustet los.

»Wat sprichst du denn für 'ne Sprache, Puppe?! Is dit schau!«

»Deutsch, ich spreche deutsch«, entgegne ich würdevoll und in so lupenreinem Hochdeutsch wie meine wenigen Stunden Sprecherziehung nur möglich machen. »Dein ›Schau!‹ macht dagegen überhaupt keinen Sinn. Was meinst du denn damit?«

Jetzt hab ich mich in Fahrt geredet. »Was heißt der Satz? Meinst du ›Iss das‹ im Sinne von ›essen‹ oder ›das ist‹ in der Konjugation von ›sein‹? In keinem Fall passt die Aufforderung ›schau‹ dazu.«

Anne schüttelt fassungslos den Kopf.

»Hä? Hab keen Wort vastandn. Aba schau isses, dass du auf Tamara aufpasst.«

Ich seufze und notiere im Kopf: »Schau« heißt irgendwas Gutes, vielleicht kommt es von »schlau«.

»Mach ich gern«, sage ich. »Ich mag deine Tochter.«

»Ja, is 'n urster Kumpel, die Kleene.«

Anne zwinkert mir zu. Und irgendwie löst sich der Knoten in meinem Kopf.

»Ja schau. Dann sag mir nochmal, wann?«

»Na, viere ham wer doch jesacht. Kuck ma, jetze isses tatsächlich schon um.«

Ich zucke zusammen. Es ist um? Vorbei also? Ach du liebe Zeit, habe ich so lange auf den neuen Formulierungen herumgekaut, dass Anne ihren Termin verpasst hat?

»Wann war denn dein Vorsprechen?«, frage ich verwirrt.

»Na, dit is um halb fünfe. Also reicht, wenn du um viere kommst.«

Ich nicke ergeben.

»Bis nachher.«

Falls Sie bis jetzt noch nicht draufgekommen sind:

»Urst« kann »sehr«, »stark«, »toll« oder auch »prima« bedeuten. Wie ich später recherchierte, stammt es vermutlich von dem Wort »äußerst« ab. Warum es dann auch prima heißen kann? Woher soll ich das wissen. Nehmen Sie es einfach hin.

Ja, der Berliner Jargon hat schon was. Das »J« statt einem »G« vorne dranzuhängen, funktioniert eigentlich immer und macht Spaß.

Jut, jibbet, janz jenau! Gut, gibt es, ganz genau!

Es gibt sehr hübsche Begriffe in Berlin. Angeblich taufen die pfiffigen Bewohner alle möglichen Sehenswürdigkeiten ihrer Stadt um. Was davon wirklich stimmt? Eine Zeitlang war mir das wichtig, denn dann konnte ich bei Verwandtschaftsbesuch während einer Bootstour oder Stadtrundfahrt spöttisch »Ha, von wejen!« rufen, wenn der Fremdenführer verkündete: »Das Kanzleramt wird wegen seiner Form und der großen Glasfenster von den Berlinern auch ›Waschmaschine‹ oder sogar ›Elefantenwaschmaschine‹ genannt. Die juristische Fakultät der Humboldt-Uni am Bebelplatz heißt wegen ihrer Barockfassade ›Kommode‹. Und ihren Fernsehturm tauften die Berliner ›Telespargel‹.«

Aber eigentlich finde ich die meisten Namen ganz nett. Ich sage gern »Goldelse« zur Viktoria auf der Siegessäule und »Schwangere Auster« zum Haus der Kulturen der Welt. »Erichs Lampenladen« jibbet ja nicht mehr, anstelle des Palastes der Republik wird ja das alte Berliner Stadtschloss dort nachgebaut.

2005 klebte plötzlich ein Aufkleber auf dem Straßenschild der »Kastanienallee«. »Castingallee« war darauf zu lesen.

Ach krass, denke ich, hier wirste entdeckt, oder wat? Folgsam und erwartungsfroh reihe ich mich in die Scharen arbeitsloser Schauspieler ein, die hier im 103 an der Bar sitzen oder nebenan bis 17 Uhr einen Kaffee frühstücken.

Und ich lerne tatsächlich einige Schauspieler kennen, bis ich – wirklich wahr – wegen eines Filmprojekts angesprochen werde. Ein kleiner dünner Typ mit Zottelbart quatscht mich auf Englisch an.

»I'm doing a film and would love you to be in it.«

Ich bleibe äußerlich ganz cool, während ich innerlich auf und ab hüpfe. Ist das nicht urst schau? Gleich was Internationales! Während der Zottel mir seinen Film erklärt, verblasst meine Euphorie, und je näher der leicht verschmierte Bart meinem Gesicht kommt, desto mehr weiche ich zurück. Im Großen und Ganzen soll ich als nackte Elfe durch das Tacheles tanzen, ein cool heruntergekommenes Veranstaltungszentrum, das 2012 geräumt werden musste. Ich zücke meinen Terminkalender und blättere konzentriert.

»Hmm, so sorry, can't make it. Good luck, sounds like an awesome project.«

Das war jetzt nicht der Start, den ich mir erhofft habe, aber gut, irgendwie muss man ja mal anfangen. Zehn Jahre später dachte ich, ich hätte den Typen auf der Straße wiedergesehen. Das war er aber gar nicht. Im Prenzlauer Berg liefen nur plötzlich alle mit diesen Zottelbärten herum. Womöglich war er ein Hipster-Visionär und seiner Zeit voraus. Und die nackte Elfen-Szene wäre heute so was wie Salma Hayeks Tanz mit der Schlange in »From Dusk till Dawn«. Hm. Mit der verpassten Chance kann ich leben. Allet jut.

Ach, Berlin fetzt, Leute!

Genau das denke ich auch damals, als ich in den 100er-Bus steige, in dem sich die Jungs kloppen. Der Bambule-Busfahrer grinst mich freundlich an und blökt: »Rin oda raus, du Furzkruke?«

Ich mache schnell die Tür frei und murmle leise:

»Ick freu mir so, wenn ick dir seh.
Freust du dir ooch, wenn du dit siehst,
wie ick ma freu, wenn ick dir seh?«

Frühstücken gehen

Jippieh! Ich habe die Aufnahmeprüfung an der Schauspielschule geschafft! Ab Herbst werde ich an der »Ernst Busch« studieren.

»Das müssen wir bald feiern«, sagt Timo kurz vor seiner Abreise in den Süden. Bei ihm und Franz darf ich zur Untermiete in der Dunckerstraße einziehen. Die beiden spielen am Theater in Tübingen. Das Haus ist frisch saniert und gelb gestrichen. Und die Küche ist schon komplett eingerichtet, und ich darf alles benutzen.

»Und wenn ich dann wieder nach Berlin komm, gehen wir zusammen frühstücken«, ruft Timo zum Abschied.

Frühstücken?

»Öhm, ja klar, wenn du meinsch.«

Ich wundere mich. Frühstück? Das ist doch keine Mahlzeit. Das ist etwas, das man frühmorgens halb blind in sich reinschaufelt oder einfach ausfallen lässt. Wenn man sich zum Essen verabredet, dann doch mittags oder abends, oder?

Um zur Schule zu kommen, musste ich jeden Morgen den Bus um 6.40 Uhr kriegen. Das hieß, dass ich um 6 Uhr aus dem Bett gepurzelt bin, mich mit meinen Geschwistern im Bad gerempelt hab, um dann kurz nach halb Richtung Bushaltestelle zu sprinten. Gott sei Dank kannte uns der Busfahrer und war sehr nett. Oft genug sind wir gerade keuchend um die Ecke gebogen, und der Bus kam uns von der Haltestelle aus entgegen. Dann hielt er immer an und ließ uns einsteigen. Das ist das Schöne auf dem

Land, man kennt sich und hilft sich. Frühstück hatte da keinen Platz für mich, auch wenn meine Mutter sich immer Neues einfallen ließ, um uns zum Essen zu bewegen. Manchmal hat sie uns sogar ein Glas Bananenmilch ins Bad hinterhergetragen. Aber mein Magen war da einfach noch nicht wach. Das Pausenbrot hab ich dafür meistens schon vor der großen Pause gegessen. Und am Wochenende hab ich dann so lange geschlafen, dass ich direkt mit dem Mittagessen begonnen habe.

Und jetzt soll ich frühstücken gehen? Wie öde. Aber das sag ich Timo nicht. Wenn er gerne frühstückt, dann machen wir das eben.

Ein paar Wochen später ist es dann so weit. Timo kommt übers Wochenende nach Berlin. Am Freitagabend trinken wir noch zusammen einen Tee in der Küche, dann zieht er mit Freunden los, um tanzen zu gehen. Ich bleib ausnahmsweise mal zu Hause, denn ich muss noch Text lernen.

»Und wenn wir wach sind, gehen wir ins Eckstein, ja?«, schlägt Timo vor, bevor er loszieht.

Ich bin beeindruckt. Der geht jetzt feiern und will trotzdem zum Frühstücken aufstehen. Wow.

Mein Abend verläuft ruhig. Ich lerne meinen Text für die Mascha aus »Die Möwe« und überlege, ob ich dazu Wodka trinken sollte, um mich besser einfühlen zu können. Aber dann lasse ich es lieber, denn ich muss ja früh raus zum Frühstücken. Gegen Mitternacht geh ich ins Bett. Während ich in den Flur lausche, ob ich Timo kommen höre, schlafe ich ein.

Um acht Uhr morgens springe ich ausgeschlafen auf. Bei Timo ist noch alles ruhig, also dusche ich in Ruhe und setze mich dann abmarschbereit in die Küche. Irgendwann beginne ich, den Zeigern der Wanduhr wie hypnotisiert mit den Augen zu folgen. Es wird neun. Es wird zehn. Plötzlich ist die Hypnose vorbei, ich werde hungrig. Na gut, einen Kaffee kann ich ja schon mal trinken. Vielleicht weckt der Geruch Timo ja auf. Klopfen will ich nicht. Das macht man nicht, oder? Wiederum ist es auch unhöflich von Timo, sich mit mir zum Frühstück zu verabreden und dann nicht aufzustehen. Dann hätten wir ja auch gleich Mittagessen vereinbaren können ... hätte ich ja eh sinnvoller gefunden. Das hab ich jetzt von meiner Höflichkeit. Lustlos blättere ich in der Zeitung von gestern. Dann fange ich an, die Schränke zu durchwühlen. Brot ist alle. Müsli ist da. Aber die letzte Milch hab ich gerade in meinen Kaffee geschüttet. Ob ich einfach schnell was einkaufen gehe? Und Timo einen Zettel hinlege?

Es ist fast elf. Ich geh jetzt los.

Gerade als ich in meine Jacke schlüpfe, öffnet sich Timos Zimmertür. Verschlafen und verstrubbelt gähnt er mich an.

»Na, bist du schon wach? Warst du schon draußen? Hmm, hier riecht's nach Kaffee.«

Er wirft sich seinen Bademantel über und schlurft in die Küche. Er schaut in die Espressomaschine auf dem Herd und gießt sich den letzten Rest in eine Tasse.

»Keine Milch mehr da?«

Er plumpst auf den Stuhl am Fenster und fährt sich durchs Gesicht.

»Das war ein lustiger Abend. Boah, ich glaub, ich war erst um halb fünf im Bett.«

Ich warte ab. Soll ich ihn jetzt dafür loben, dass er es trotzdem geschafft hat, um elf aufzustehen? Ich weiß nicht. Meckern will ich auch nicht. Ich bin ja nicht seine Mutter. Aber ich habe jetzt ganz schön lange gewartet, und ich habe Hunger. Und *er* wollte doch frühstücken.

Timo schaut verträumt in seine leere Tasse. Dann klatscht er sich auf die Schenkel.

»Boah, ich hab richtig Hunger. Wollen wir was essen gehen?«

Ich ziehe eine Augenbraue hoch. Nun kann ich nicht mehr still sein.

»Ja, klar, wir wollten ja eigentlich frühstücken gehen, das hattest du zumindest gesagt. Ich bin extra früh aufgestanden. Aber jetzt ist es wahrscheinlich zu spät …«

Timo grinst mich entspannt an und guckt auf die Uhr über der Türe.

»Ach, erst elf. Na prima, dann geh ich mal duschen.«

Er schlurft ins Bad. Und ich steh wieder da. Erst elf? Na, der ist ja gut. Seufzend geh ich zurück in die Küche. Na ja, dann wasch ich eben ab.

Gegen zwölf erscheint Timo duftend und gekämmt in der Küche. Ich hocke am Tisch und brüte über meinem Text.

»Was probst du grade? Die Möwe, toll! Soll ich dich mal abfragen? Spielst du's mir vor?«

»Jetzt?«

»Klar.«

»Okay.«

Timo lässt sich auf den Stuhl sinken und schnappt sich das Buch.

»Ich les den Trigorin rein, ja?«

»Super.«

Ich lasse mich in die Szene fallen und bin wieder ganz ergriffen von Maschas Schmerz.

»›Sehen Sie mich nicht so an. Frauen trinken häufiger, als Sie glauben.‹ Weißt du was? Ich überlege an dieser Stelle zu singen: Moskau, Moskau, Wodka trinkt man pur und kalt, das macht hundert Jahre alt …«

Timo verzieht das Gesicht.

»Weiß nicht. Mach mal.«

Wir probieren, lachen, blödeln, werden wieder ernsthaft. Es macht Spaß. Timo ist ja schon ein richtiger Schauspieler, ich hab ihm in Tübingen immer sehr gern zugeschaut. Als wir zum zwölften Mal mit Wasser anstoßen, steht er plötzlich auf.

»So, jetzt will ich aber was Richtiges. Komm, lass uns endlich frühstücken.«

Meinen Hunger hatte ich im Probeneifer ganz vergessen, jetzt meldet sich mein Magen dafür sehr deutlich. Ich schiele zur Uhr. Halb zwei. Timo folgt meinem Blick.

»Perfekte Zeit.«

»Fürs Frühstück?«, kichere ich. »Du bist gut.«

»Na klar. Komm.«

Wir schlendern über den Helmholtzplatz und stehen schließlich vor dem Eckstein. Die Frühlingssonne scheint auf die Tische, die auf der Straße stehen, aber es ist noch ziemlich kühl. Trotzdem tummeln sich dort einige Leute. Auch drinnen ist es voll. Es summt und lacht und riecht nach Kaffee und Speck. Wir haben Glück, denn genau vor uns erhebt sich ein Pärchen am Fenster. Ich lasse den Blick schweifen. Lauter junge Leute, ein paar Familien mit kleinen Kindern, die um die Tischbeine krabbeln, manche haben Sonnenbrillen auf und scheinen verkatert. An der Wand entdecke ich ein Buffet mit silbernen Warmhalteschalen und großen Schüsseln.

»Schau mal, hier ist irgendeine Feier oder so.«

Timo grinst amüsiert.

»Das ist das Frühstücksbuffet. Ist voll lecker. Von allem was. Du kannst dir aber auch was aus der Karte aussuchen.«

Verwirrt greife ich nach der Karte. Da steht noch Frühstück rum? Um 13.30 Uhr? Es riecht wirklich lecker. Ich recke den Kopf nach links. Da ist doch jetzt wahrscheinlich kaum noch was da.

»Dann müssen wir uns aber beeilen, oder?«

Timo guckt verwundert.

»Wieso, musst du wohin?«

»Nee, aber die räumen das doch bestimmt gleich weg.«

In dem Moment schlängelt sich ein Mann mit Kochschürze durch die Menge. Er trägt eine dampfende Schale zum Büfett und tauscht sie gegen eine leere aus.

»Was willst du trinken?«, fragt Timo.

Ich schlage die Karte auf und lese: Frühstück (von 9 bis 16 Uhr)
Büfett 9,80
Zwei Eier im Glas 3,40
Croissant mit Marmelade 2,10
...

Wow. Ich bin beeindruckt.
»Die haben Frühstück bis vier Uhr nachmittags«, flüstere ich.
Timo nickt.
»Ja klar. Was dachtest du denn? Also, ich nehm das Büfett, einen Cappuccino und 'ne Apfelsaftschorle. Sagst du der Bedienung Bescheid? Ich muss mal.«
Er springt auf und zwinkert mir kurz zu. Ich bleibe mit offenem Mund sitzen. Die Bedienung kommt angeschlängelt, zückt ihren Block und fragt: »Und? Frühstück?«
Ich nicke benommen.
»Ja. Zweimal. Und Cappuccino und Apfelschorle.«
»Dufte. Teller kommen gleich.«
Ein seliges Lächeln breitet sich über meinem Gesicht aus.
Frühstück.
Ab heute meine Lieblingsmahlzeit.

Berlin ist groß – alles ums Eck

Berlin ist groß. Das ist eine Tatsache. Dreieinhalb Millionen Einwohner und eine Gesamtfläche von 892 Quadratkilometern. Daher gibt es von allem mehr. Hayingen hat etwas mehr als zweitausend Einwohner und 62 Quadratkilometer. Da gibt es aber auch nur einen kleinen Supermarkt, in dem man aber alles kriegt, was man braucht. Gut, Koriander und Misopaste vielleicht nicht, aber dafür Alblinsen. Die Auswahl in Berlin ist beeindruckend. Ich sitze in meiner ersten eigenen WG im Prenzlauer Berg und habe noch ein Wochenende vor mir, ehe das Studium an der Schauspielschule losgeht. Also koche ich mir einen Tee und lese die 030 durch. Das ist eine kostenlose Zeitung mit Veranstaltungstips, wo man sich für jeden Abend was anderes raussuchen kann. Heute Abend gibt es ein Ska-Konzert im Golgatha. Das ist in Kreuzberg. Ich habe keine Ahnung, was Ska ist, aber es klingt gut. Kreuzberg ist auch Berlin, also nicht weit. Beginn ist um 21 Uhr. Um kurz vor neun mache ich mich langsam auf den Weg, ich will ja nicht die Erste dort sein. Wenn wir auf der Alb am Wochenende tanzen gegangen sind, mussten wir auch immer erst ein paar Stunden bei Freunden rumhängen, denn vor halb zwölf in der Disko zu erscheinen war uncool. Getanzt wird nachts. Meine Eltern hat das immer sehr gewundert, weshalb wir nicht nach dem Abendessen losziehen, um tanzen zu gehen. Mich eigentlich auch. Ich hätte lieber früher angefangen. Aber so ist das eben. Und in Berlin ja sicher erst recht. Ha! Konnte ich damals ahnen, dass die beste Partyzeit einmal Sonntagmittag sein würde? Verrückt. Ich habe mir vorher rausgesucht, mit welchen Bahnen und Bussen ich dem Golgatha am nächsten komme. Trotzdem verlaufe ich mich. Das Golgatha ist auf dem Kreuzberg und man muss vorher durch den Park. Als ich ankomme, ist schon was los, prima. Der Typ an der Kasse mustert mich ungläubig und nimmt mir dann vier Mark ab.

»Hat's schon angfange?«, frage ich freudig.

Der Typ schüttelt nur grinsend den Kopf und nuschelt: »Viel Spaß.«

Werd ich haben, da bin ich mir sicher. Ska gefällt mir. Die Band auf der Bühne ist schon richtig schön verschwitzt, und der Rhythmus geht mir ins Blut. Ich mische mich unter die Tanzenden und juble am Ende des Liedes mit den anderen.

»Dankeschön, ihr wart super!«, brüllt der Sänger und verneigt sich. Die anderen Bandmitglieder winken. Ich klatsche. Und warte auf den nächsten Song. Die Jungs scheinen 'ne Pause zu machen. Hol ich mir halt auch was zu trinken. Ich lehne mit meiner Cola an der Bar und sehe verwundert, wie die Tanzfläche sich leert. Dann kommt die Band auf die Bühne zurück. Ich stelle mein Glas ab und klatsche Beifall. Der Bassist grinst, greift sein Instrument ... und packt es in einen Koffer. Das ist seltsam. Auch die anderen fangen an, ihre Instrumente einzupacken.

»Kommt jetzt ebbert andersch?«, frage ich das Mädchen hinter der Bar.

»Wer? Den kenn ich nich«, ruft sie zurück.

»Ach so, noi, ich mein, eine andere Band«, erkläre ich.

»Wieso? War doch super.«

»Ja, schon, aber so kurz.«

Das Mädchen lacht.

»Also, heute haben die richtig durchgezogen, find ich. Anderthalb Stunden, da kannste nix sagen. Bei dem Tempo.«

Ich schaue auf die Uhr. Es ist viertel vor elf. Soll das heißen, die haben pünktlich um neun angefangen zu spielen und sind jetzt schon fertig? Aber es ist doch Freitagabend! Ich verstehe das nicht. Mittlerweile ist der Laden fast leer. Ein Techniker schraubt auf der Bühne die Mikrofonständer zusammen. Ich sacke ein wenig in mich zusammen. Und jetzt? Betrübt mache ich mich auf den Heimweg in den Prenzlauer Berg.

Am Montag steige ich in die S-Bahn, die mich nach Schöneweide bringt. Ich hoffe, ich finde die Schauspielschule wieder. Schöneweide ist ganz schön weit draußen. Immerhin lenkt einen weder ein schöner Park noch ein hübsches Geschäft oder gemütliches Café von seinem Ziel ab. Von meiner Wohnung im Prenzlauer Berg brauche ich gut eine Dreiviertelstunde, bis ich da bin. Aber das schreckt mich nicht. So lange brauchte ich daheim auf der Alb auch, um zur Schule zu gelangen. Landschaftlich war die Strecke allerdings schöner, am Zwiefalter Kloster und am Bussen vorbei, einem Aussichtsberg und Wallfahrtsort. Und man hatte noch Zeit, vergessene Hausaufgaben zu machen. Allerdings musste man sich dem Musikgeschmack des Busfahrers beugen. Wenn die Chefin fuhr, war das Volksmusik, bei ihrem Sohn die Band Pur. Ich kann mich immer noch nicht entscheiden, was schlimmer ist. Hinter einem erzählten die Halbstarken, wie viel sie am Wochenende gekotzt hatten, nachdem sie so viel getrunken hatten wie noch nie. Hach. Wie gemütlich.

In Berlin muss man mitunter schon morgens um acht über echte Kotzlachen steigen, wenn man die Bahn betritt. Die musikalische Unterhaltung variiert zwischen Gitarrengeschrammel und Trompeten, unterbrochen von »Haste mal 'ne Mark« oder »Hier vielleicht noch jemand Interesse an der Obdachlosenzeitung?«. Die Fahrt zur Schauspielschule war *theoretisch* ganz bequem. Denn *theoretisch* fuhr die S-Bahn von der Prenzlauer Allee durch bis Schöneweide. *Theoretisch*. Ach, die Berliner S-Bahn.

Eigentlich darf es einen nicht wundern, dass es nicht gelingt, einen neuen Flughafen zu bauen, wo schon die Nahverkehrsmittel dauernd kränkeln. Damals hielt ich es für Pech, dass ausgerechnet meine Strecke betroffen war, aber bald erkannte ich, dass es überall so lief. »Schienenersatzverkehr« – dieses Wort löst immer noch Gänsehaut bei mir aus. Schienenersatzverkehr bedeutet, dass die S-Bahn-Strecke irgendwo unterbrochen ist, weil da gebaut, saniert, geflickt oder sonst was wird. Also muss man raus aus der Bahn, raus aus dem Bahnhof, nach der Ersatzhaltestelle suchen, sich in den Schienenersatzverkehrsbus quetschen, der niemals eine ganze S-Bahn-Ladung Menschen aufnehmen kann, dann bis zur nächsten Station fahren, wieder in die S-Bahn zurück und weiter auf dem Weg. Manchmal ist die Strecke an mehreren Stellen unterbrochen. Aber ich will nicht meckern. Berlin ist halt groß. Dafür kriegt man hier auch alles, was man braucht oder will. Oder brauchen könnte. Oder wollen. Und ich will zur Schauspielschule. Und da komm ich auch hin, Schienenersatzverkehr hin oder her.

Im Frühling kommt mich meine Mutter besuchen. Wir lassen uns zusammen durch die Stadt treiben, essen Falafel und dübeln meinen Kleiderschrank neu zusammen. Abends wollen wir ins Kino gehen. Kolya. Da spielt das Aschenbrödel aus »Vier Haselnüsse für Aschenbrödel« mit, die mittlerweile fast genauso alt wie meine Mutter ist. Also schon immer eigentlich, aber man sieht sie ja jedes Jahr als 19-Jährige durch den Schnee reiten. Wir entscheiden uns für das Filmtheater am Friedrichshain, da können wir draußen vorher oder nachher noch was essen.

»Das ist nett und gleich ums Eck«, sage ich meiner Mutter, und wir ziehen los. Während des Weges plappere ich fröhlich, während meine Mutter immer stiller wird. Schließlich bleibt sie stehen.

»Was ist?«
»Wo gehen wir hin?«
»Na, ins Kino.«

Ich wundere mich. Das hatten wir doch die ganze Zeit vor. Hat sie einen Sonnenstich? Aber es ist doch erst Mai und wirklich nicht heiß. Meine Mutter schaut mich immer noch herausfordernd an. Hab ich irgendwas vergessen? Ich komm nicht drauf.
»Willst du nicht mehr ins Kino?«, frage ich.
»Eigentlich schon. Ich frage mich nur, wo das ist.«
»Na gleich da vorne. Noch ein Ma-«
»Ums Eck«, unterbricht sie mich. »Ja, ist klar.«
Warum ist sie denn jetzt so bockig, frage ich mich. Meine Mutter seufzt. Dann setzt sie sich wieder in Bewegung.
»Schau, da kannst du's schon sehen«, rufe ich aufmunternd.
Meine Mutter fängt an zu lachen.
»Tatsächlich. Ich hab's ja nicht mehr geglaubt. Ums Eck, sagst du? Wir sind jetzt S-Bahn gefahren, dann Tram, und jetzt laufen wir seit fast zehn Minuten. Da bin ich ja schneller von der Alb aus in Tübingen im Kino als du hier in Berlin.«
Also. Das ist ja wohl übertrieben.
Obwohl.
Berlin ist halt groß.
Ich grinse sie an.
»Weeßte Muttern, janz Berlin is eene Wolke, und wir sind mittendrin.«

Ostalgien

»Ich hab was ganz Tolles mitgebracht!«

Meine Kommilitonin Monika hält mir ein Päckchen unter die Nase. Ich sitze in Monikas Wohnung in der Wichertstraße im Bett. Zwei Tage habe ich ihren Kater gehütet, weil sie ihre Eltern besucht hat. Gleich am ersten Abend ist irgendwas im Ofen explodiert, seitdem habe ich mich nicht mehr getraut, zu heizen und mich stattdessen mit Fredo in die Bettdecken gewickelt. Monika ist aus Jena, hat also noch 10 Jahre DDR miterlebt.

»Hier, das ist der Geschmack meiner Kindheit.«

Das Päckchen zeigt eine schwarzweiße Kuh, einen Schwall Milch und einen Baumstamm, nee, warte, einen Schokoriegel mit Baumstammstruktur. »Bambina« steht in roten Buchstaben darauf. Ich breche mir ein Stückchen ab und reiche Monika die Tafel. Aber sie winkt ab und kniet sich vor den Kachelofen.

»Die ist ganz für dich. Ich hab noch welche.«

Gerührt schiebe ich mir das Bambina-Stück in den Mund – und muss spontan würgen. Monika beobachtet mich besorgt. Ich spucke das Schokoladenstück aus und sage entschuldigend: »Oje, die ist leider nicht mehr gut.«

Ich rechne nach. Der Mauerfall ist ja zehn Jahre her, das übersteht so eine Süßigkeit sicher nicht. Aber als ich Monika meine Bedenken mitteile, schüttelt sie den Kopf.

»Nee du, das ist ganz neu, das wird jetzt endlich wieder hergestellt, ich freu mich so!«

»Bist du sicher, dass das eine von den neuen Tafeln ist? Die schmeckt irgendwie modrig.«

Sie nimmt mir die Tafel aus der Hand, schnuppert daran und probiert.

»Hmm, die ist super. Alles gut, probier nochmal.«

Zögernd breche ich mir ein weiteres Stück ab. Es schmeckt immer noch modrig, aber unter dem strahlenden Blick von Monika zwinge ich mich, zu schlucken. Uh. Ich bin mir sicher, dass da was nicht stimmt. Monika sieht mich immer noch erwartungsvoll an.

»Hm, ja, also … ganz ehrlich, ich bin in meiner Kindheit irgendwie anders geprägt worden, ich verbinde mit dem Geschmack keine Erlebnisse, weißt du? Ich glaube, wir haben beide mehr davon, wenn du sie bekommst. Aber ich freu mich!«

»Worüber denn?«

Zögernd nimmt Monika die Schokolade an sich und steckt sich ein Stück in den Mund.

»Na, dass es deine Kinderschokolade wieder gibt und dass du sie mir mitgebracht hast. Ich nehm den guten Willen für die Tat.«

Monika grinst.

»Das sagt deine Oma immer, oder?«

»Klar.«

»Die hat dir bestimmt auch immer Schokolade von lila Kühen mitgebracht.«

Sie schlägt die Ofentür zu. Das Feuer knistert.

»Ja, und in ›die Zone‹ hat sie die auch geschickt. Aber da hast du wohl keine abgekriegt.«

Was der Bauer net kennt, frisst er net!

So lautet eine Redensart, die meine Mutter gern anbrachte, wenn sie beim Kochen etwas Neues ausprobiert hatte und wir unwillig in der undefinierbaren Masse herumstocherten. Meistens war es was Gesundes, zum Beispiel Grünkernbratlinge, mit Graupen gefüllte Zucchini oder Quinoa mit Ratatouille – und es schmeckte auch wirklich, wenn man sich erst überwunden hatte, hineinzubeißen. Und darauf bestand sie. Meiner Mutter sei Dank ist meine Hemmschwelle gegenüber fremden Küchen sehr gering, ich probiere gerne neue Sachen aus, auch wenn sie abwegig klingen. Und mein Geschmack ist breit gefächert, ich liebe japanischen Wasserspinat, israelische Spieße mit Humus, mexikanisches Streetfood und griechischen Salat.

Ich hab mich also immer für einen sehr unkomplizierten Esser gehalten.

»'s Bärbele kann jo esse«, bekam meine Mutter zu hören, wenn ich bei einer Schulfreundin eingeladen war. »Die isst ja mehr als i!«

Jeder, der sich auskennt, wird mir zustimmen, dass es das beste Essen Deutschlands in Schwaben gibt: Kartoffelsalat, Maultaschen, Spätzle, Butterbrezeln, Nonnenfürz, Zwiebelrostbraten, Hochzeitssuppe ... die Liste ist unendlich. Die schwäbische Hausfrau macht Erdbeermarmelade zum Niederknien und bäckt im Backhaus das dazu passende Brot, Oma schabte stundenlang Spätzle, die unten im Spielzimmer bergeweise auf einem riesigen Tisch trockneten. Eigentlich muss man aus Schwaben nicht in die Welt ziehen, um gute Küche zu erleben. Aber die Neugier treibt so manchen dann doch hinaus – und dann muss man schauen.

Ach ja, wer aus Schwaben in die Welt zieht, der wundert sich, wie der Rest Deutschlands satt wird, egal ob Ost oder West. Tapfer probiere ich mich durch die Dinge – »der Hunger treibt's rein«.

So stehe ich ein paar Tage später mit einem abgedeckten Blech voller selbstgebackener Donauwellen vor Monikas Tür. Sie hat Mario und mich eingeladen, zusammen die Oscarverleihung zu schauen. Mario ist der liebenswerteste Urberliner, den ich je getroffen habe. Vor dem Schauspielstudium hat er eine Maurerlehre absolviert. Er sitzt viel in der Küche meiner WG, weil er dabei so viel über Frauen lernt, wie er sagt. Tatsächlich sitzt er da so oft und lange, dass wir ihn oft vergessen. Heute aber nicht. Monika, er und ich proben gerade zusammen, deshalb verbringen wir viel Zeit miteinander. Für eine ganze Oscarnacht braucht man ordentlich Verpflegung – ich bin für den Nachtisch eingeteilt. Zum Glück müssen wir ja nicht in die schicken Kleider passen. Als Monika öffnet, biegt Mario mit seinem Rad um die Ecke. Am Lenker baumelt eine große Tüte.

»Was ist da drin?«, frage ich neugierig.

»Broiler.«

Broiler. Das klingt super. Wie Boiler, man denkt an was Heißes. Falls Monikas Ofen wieder explodiert, haben wir wenigstens was Warmes im Magen. Broiler, damit ist ein Grillhähnchen gemeint. Broiler habe ich schon mal gegessen – dabei kann man ja auch ziemlich sicher sein, dass es sich nicht schon seit der Wende auf dem Spieß dreht. Monika stellt stolz eine große Schüssel auf den Tisch: Kartoffelsalat nach altem Familienrezept. Ich staune nicht schlecht, denn der Kartoffelsalat enthält Äpfel, Dosenchampignons und Fleischsalat aus dem Becher.

»Dann braucht man nicht extra 'ne Soße zu machen«, sagt sie begeistert.

»Das ist schlau, denn nachdem du die Kartoffeln ja *kalt* in komische *Würfel* schneidest, würde die Soße ja auch nicht gut aufgesogen.«

Monika spürt die Ironie.

»Schmeckt's dir nicht?«

»Doch. Geht. Ich esse das aber nicht unter dem Namen Kartoffelsalat. Ich nenne das Sättigungsbeilage.«

Sättigungsbeilage.

Das ist ein Wort, das ich erst hier gelernt habe. Und so unsinnlich wie dieses Wort ist auch das Zeug, das sich dahinter verbirgt:

Salzkartoffeln, Reis ohne Geschmack, Nudeln ohne Soße, Püree ... kurz: Kohlenhydrate zum Reinstopfen. Ich würde nicht so weit gehen, die Knödel bzw. Klöße auf dem Teller nach der Wirtin zu schmeißen, wie ich es bei einem schwäbischen Landsmann einmal erlebt habe, aber dass es Landstriche gibt, auf denen Spätzle nicht auf der Speisekarte stehen, das ist hart.

Mein Vater ist als Schauspieler in der Republik herumgekommen, niedergelassen hat er sich trotz zahlloser Möglichkeiten auf der Alb. Spätestens jetzt erkenne ich einen guten Grund dafür.

Dabei hatte ich mich so auf die Mensa gefreut, als mein Schauspielstudium an der »Ernst Busch« begann. Vor Jahren hatte ich mal meine Schwester in eine große Münchner Mensa begleitet. Leberkäs mit Kartoffelsalat gab es da zum Beispiel – und noch viele andere Gerichte zur Auswahl. Unsere Mensa ist hingegen sehr klein. Klar, es gibt ja auch nur 150 Studenten, die meistens nicht alle gleichzeitig da sind. Bei meinem ersten Mensabesuch gab es Würstchen mit Kartoffelpüree oder Grünkohl im Angebot. Es sah matschig aus, aber das störte mich zuerst nicht. Ich probierte und konnte ein Würgen fast nicht verhindern.

»Des schmeckt ja wie Kompost mit alten Socken!«

Mario setzte sich dazu und hängte seine Nase in meinen Teller.

»Is det tote Oma?«

»Ähnlich lecker auf jeden Fall.«

Ich muss zugeben, dass ich tote Oma nie probiert habe. Es ist eine Art Blutwurst. In der DDR wurde das auch Verkehrsunfall genannt. Mario lachte und deutete auf meinen Mensamatsch.

»Mmmhh, Grünkohl und Pinkel, urst lecker!«

Ich schob ihm meinen Teller zu.

»Hau rein.«

Ja, es gibt Dinge, die muss ich ablehnen. Berliner Grünkohl gehört dazu. Immer wieder hab ich mich dazu überreden lassen, weil ich einfach nicht »den richtigen« erwischt hätte. Beinah jedes Jahr habe ich auf einem Weihnachtsmarkt eine Portion »wirklich leckeren« Grünkohl zu essen versucht, und ihn nicht mal mit dem dazu passenden, genauso abstoßenden Glühwein runtergekriegt.

Gerade erlebt der Kohl ja einen gesellschaftlichen Aufschwung, weil so gesund und kalorienarm und sekundäre Pflanzenstoffe und so. *Ich* esse euch den nicht weg. Versprochen.

Liebe geht schon auch durch den Magen. Aber wahre Liebe – und dazu gehört auch wahre Freundschaft – hält einiges aus.

Det is Vintätsch

»Entschuldigung, Sie ham da was im Haar.«

Der Mann neben mir in der S-Bahn beugt sich nach vorne und greift nach meinem Kopf. Jetzt merke ich es auch. Irgendwas kribbelt. Plötzlich schreit er auf.

»Vorsicht, nicht bewegen! Achtung …«

Er holt aus und haut mir blitzschnell auf den Kopf. Ich zucke zusammen. Das Ganze ging so schnell, ich habe noch gar nicht begriffen, um was es geht. Der Mann trampelt mittlerweile neben mir heftig auf den Boden und bleibt dann schwer atmend stehen.

»'ne Spinne, ein Riesending. Bah, das sah echt gefährlich aus.«

Mir wird kalt. Spinnen auf dem Kopf lassen mich gruseln. Mit zusammengekniffenen Augen begutachte ich das zermatschte Häufchen am Boden. Ihh, das sieht echt fies aus, lauter schwarze Haare und streichholzdicke Beine. Ich schüttle mich.

»Wie kommt denn so ein Vieh hier rein? Waren Sie vorhin im Zoo?«, fragt mich mein Retter.

Ehe ich antworten kann, kreischt es hinter uns.

»Thekla! Wo ist Thekla?«

Ein dünnes Mädchen mit dicken schwarzen Lidstrichen und einer purpurfarbenen Samtschleife in toupierten blonden Haaren ist aufgesprungen. Sie hatte offensichtlich in meinem Rücken gesessen. Hektisch fummelt sie an ihrem Halstuch aus geknoteten Kordeln, sie schubst ihren Begleiter vom Nebensitz und fängt an, über den Boden zu kriechen. Da entdeckt sie das Häufchen. Sie heult auf.

»Das war *meine* Spinne! Thekla! Was habt ihr mit ihr gemacht, ihr Schweine?«

Der Spinnentöter, mein Retter, erhebt sich.

»Det war dein Vieh? Wat war det denn, sach ma? Das war ja riesig.«

Die Kleine wimmert: »Eine Vogelspinne, meine süße Kleine. Du hast sie getötet.«

Mir wird gerade klar, dass ich gerade eine Vogelspinne auf dem Kopf hatte, und ich werde verspätet hysterisch. Das Schwäbische bricht durch.

»Ich glaub, es hackt. Wieso läuft die hier frei rum? Bisch du noch ganz sauber, sag mol! Du setzt dich mit ra Vogelspinne auf dem Kopf in d' S-Bahn? Und dann au no hinter mich!«

Das Mädchen schaut mich böse an, ihre Purpurschleife zittert.

»Das war mein Makesch, du schwäbische Spießerschnalle. Ich bin gegen toten Schmuck.«

Jetzt bemerke ich die Glitzersteine, die im schwarzen Spinnenmatsch blinken, und mir fällt ein, dass ich mal etwas über beklebte Kakerlaken gelesen habe, die Menschen als lebenden Schmuck tragen. Schon das finde ich scheußlich. Aber ein Vogelspinne? Die ist doch giftig. Und überhaupt. Schwäbische Spießerschnalle, so was. Das hab ich doch nicht ausdrücklich in Baden-Württemberg beigebracht bekommen, keine Spinne auf dem Kopf zu wollen. Das Mädchen puhlt die Glitzersteine zwischen den Spinnenbeinen heraus. Ihr Begleiter kniet sich neben sie, um ihr zu helfen. Er trägt ein rosa Spitzenkleid und hat lange Federn an den Augen hängen. Sieht schon toll aus. Um den Hals hat er eine gelbe Plastikschlange gewunden, deren Kopf gerade über seine Schulter rutscht.

Moment. Ich blinzle. War das gerade die Zunge? Das ist gar keine Plastikschlange, das ... Ich springe auf.

»I muss raus!«

Die Bahn rollt in die Station ein: ausgerechnet Bahnhof Zoo.

In Berlin darf man rumlaufen, wie man will. Grundsätzlich finde ich das großartig. Jeden Tag kann man aufs Neue entscheiden, ob man gerade eher exzentrisch oder unauffällig drauf ist, gepflegt oder schmuddelig, alles ist erlaubt. In der S-Bahn sitzen feine Anzüge neben zerfetzten Jeans, Lederjacken neben Chanelblousons. Und bei manchem Punk schnuppert eine rosa Rattennase aus der Halsbeuge. Die stören mich tatsächlich kaum, denn die ziehen sich selbst immer lieber wieder in die Achselhöhle ihres Besitzers zurück, statt über die anderen Fahrgäste zu hüpfen. Aber hübscher finde ich einen Papagei auf der Schulter.

Da fällt mir eine Anekdote ein: Ich, frisch in Berlin und auf der coolsten Schauspielschule ever angekommen, machte mich über die Flohmärkte her. Eine Zeitlang gefielen mir bonbonfarbene Doris Day-Kostümchen, später war ein schwarzer Matrixmantel mein Ein und Alles. Im Winter wickelte ich gern einen mehrere Meter langen bunten Wollschal um mich, den meine Mutter vor langer Zeit einmal meinem Vater gestrickt hatte. Aber irgendwann war ich fertig damit, mich ausgefallen zu kleiden. Das fiel zufällig ziemlich gleichzeitig mit diesem Erlebnis zusammen: Ich wollte einen roten Ledermantel. Irgendwo hatte ich ein Bild gesehen, auf dem Uma Thurman einen trug. Ich finde Uma Thurman toll. Ihren Mantel auch. Also wühlte ich mich mit Monika durch die Flohmarktklamotten und fand schließlich einen roten Mantel, der mir passte.

»Lackleder«, stellte Monika fachmännisch fest. »Ist doch super.«

»Bei euch im Osten hieß das vielleicht so, bei uns nennt man das Plastik.«

»Jetzt mach hier nicht 'ne Wessi-Nummer draus. Das ist ein roter Lackledermantel, und er steht dir super.«

»Echt?«

»Total. Nimm den jetzt, ich hab Hunger.«

Ich war einigermaßen überzeugt und außerdem auch hungrig, also kaufte ich den Mantel für 20 Euro. In der einen Tasche steckte ein fusseliges Taschentuch.

»Bah, ist der nicht gewaschen worden?«

Die Verkäuferin grinste mich an.

»Det is Vintätsch, Kleene, det wäscht man nich.«
Ehe ich diese Unlogik mit ihr diskutieren konnte, zog Monika mich zum nächsten Bratwurststand.
»Ehm, is die bio?«, flüsterte ich ihr zu.
»Klar, is 'ne Thüringer«, grinste sie zurück.
Ich beschloss, an dem Tag einfach keinerlei Logik zu hinterfragen, und biss ergeben in die Thüringer Wurst. Monika hatte ordentlich Ketchup und Senf draufgeschmiert, und der tropfte mir nun prompt auf die Brust. Aber – ich hatte klug eingekauft. Die Soße glitt von meinem neuen Lacklederplastikmantel einfach ab, die letzten Tröpfchen wischte ich mit dem fusseligen Taschentuch ab.

Alleine zu Hause kamen mir plötzlich doch Zweifel. Ich stellte mich in meinem neuen Mantel vor den Spiegel. Hmmm, Uma Thurman sah cooler aus. Eigentlich gab es überhaupt keine Ähnlichkeit zwischen ihrem Outfit und meinem. Ach, was sollte's. Kreierte ich halt einen neuen Look.

Gut gelaunt stehe ich am nächsten Morgen um acht in der übervollen S-Bahn Richtung Schöneweide. Mein Mantel knirschte und quietschte, als ich nach den Haltegriffen hangelte. Ein kleiner Junge mit Schulranzen auf dem Rücken glotzte mich an. Ich lächelte freundlich. Er glotzte weiter. Plötzlich plärrte er lautstark durch den ganzen Wagen: »Sind Sie 'ne Nutte?«

Mein Lächeln gefror, und meine Wangen nahmen die Farbe meines neuen Mantels an. Die umstehenden Leute kicherten. Mir fiel absolut nichts Schlagfertiges ein, also schüttelte ich nur stumm den Kopf und versuchte, belustigt auszusehen.

Auf dem Weg von der S-Bahn zur Schauspielschule begegnete mir niemand. Gut. Ich schlich mich in den Kostümfundus und hängte den roten Mantel auf eine Kleiderstange ganz hinten. Beim Rausgehen fiel mir ein, dass das fusselige Taschentuch mit den Senfresten immer noch in der Tasche steckte.

»Na ja, is ja Vintätsch«, murmelte ich und musste nun doch grinsen.

LEMONAID⁺

BOAH JETZT NE CHAI LATTE

auch zum Mitnehmen

Fairtrade Lemonade

Cool bleiben

Liebe Berlin-Besucher, liebe Neu-Zugezogenen,
hier sind ein paar Tipps, um sich wie ein Berliner durch die Stadt zu bewegen.
Das Allerwichtigste ist: cool bleiben!

In Berlin darf man alles sein und das auch nach außen zeigen. Ob einem jemand mit Vollbart und Chanel-Kostümchen entgegenkommt, einen Papageien auf der Schulter hat oder drei Kinder zwischen eins und zwölf Jahren an den Körper gebunden. Berliner nehmen alles einfach hin.

Glotzen darf man natürlich trotzdem, aber dabei bitte eher gelangweilt dreinschauen. Wenn jemand seine Waschmaschine mit in die U-Bahn nimmt, kann man natürlich schauen, was für ein Modell das ist und welche Energieeffizienz-Stufe die hat – aber warum die Maschine U-Bahn fährt? Wird schon irgendwohin wollen, wa?

Ich habe alle Fehler gemacht, die man begehen kann, um sich als Landei zu outen. Hach, fand ich das schön, wenn Musiker in die S-Bahn eingestiegen sind. Ich habe zugehört, gelächelt und sogar geklatscht, wenn das Lied zu Ende war. Megapeinlich. Planflöten mit »El Condor Pasa« kannte ich schon aus der Fußgängerzone in Stuttgart, aber Klampfenlieder über Moabit, Vivaldi auf der Querflöte oder ein Kontrabass, der »Bésame Mucho« begleitet ... also, das fand ich außergewöhnlich, toll und unterhaltsam.

Ehrlich gesagt, finde ich das immer noch, das aber ganz unter uns. Diese besonderen Darbietungen sind irgendwie auch weniger geworden, finde ich. Oder ich bin abgestumpft. Aber ich höre nun meistens »When The Saints Go Marching In«, die Begleitung dröhnt aus einem Verstärker, der auf einer Sackkarre mitgefahren wird, dazu trötet eine Trompete mehr oder weniger virtuos, hauptsächlich laut. Dieser Spuk ist gottlob nach einer Station zu Ende, und dann hört man dieselbe Nummer leicht gedämpft aus dem Nebenwaggon. Um einfach nichts falsch zu machen, glotzen Sie bitte stur vor sich hin oder stecken sich demonstrativ Ohrstöpsel rein.

Stars und Sternchen kommen gern nach Berlin, aber hallo!? Das sind doch auch nur Menschen, oder? Ganz normal. Also bitte nicht ausrasten, wenn Brad Pitt und Angelina Jolie sich neben Ihnen eine Gurkensuppe teilen, ist doch nicht ungewöhnlich, die müssen doch auch was essen. Aber erstaunlich klein sind die, gell? Und so dünn! Deswegen reicht denen auch eine Gurkensuppe zusammen. Das wäre für mich nicht mal 'ne Vorspeise.

Aber egal. Lassen Sie sie in Ruhe.

Ich möchte mich an dieser Stelle auch noch bei Will Smith entschuldigen, den ich nach einer Filmpremiere gekniffen habe. Das kam so: Während der Berlinale hatte meine Mitbewohnerin eine Einladung zur Aftershow-Party von Will Smiths Film ergattert. Ausgerechnet an diesem Abend aber erwischte sie eine Magen-Darm-Grippe. Ich war sehr fürsorglich und stellte ihr Tee und Salzstangen vor die Tür, reingehen wollte ich aber nicht, sonst hätte ich mich womöglich angesteckt.

»Ach, danke, das ist lieb«, röchelte sie. »Weißt du was? Ich schenke dir meine Karte. Geh du für mich zu Will Smith.«

Wow. Echt? Sofort durchwühlte ich meinen Kleiderschrank und schloss mich im Badezimmer ein, drehte das Radio auf und rüschte mich auf. Ich war halt aufgeregt, das muss man auch verstehen. Deswegen habe ich wirklich nicht mitgekriegt, dass sie immer wieder an die Tür geklopft hat. Wahrscheinlich war das auch zu leise, schließlich war sie ja ziemlich geschwächt. Gott sei Dank stand der Putzeimer noch in der Küche. Nach einer Stunde verließ ich freudestrahlend und glitzerschick das Bad und fand sie mit grünlichem Gesicht an die Spülmaschine gelehnt, den Eimer neben sich. Oje. Um sie aufzumuntern, versprach ich schnell, dafür Will Smith für sie in die Backe zu kneifen. Ich glaube, sie hat sich sehr gefreut. Welche Backe ich meine? Also bitte!

Die Party fand in einem Club statt, der schon damals nicht und noch nie wirklich cool war, zu gewollt, zu angestrengt, zu ... provinziell irgendwie. Wie das Big Eden. Hab ich gehört. Aber egal, ich hatte eine Einladung, Getränke und Schnittchen waren umsonst und die Leute ... seltsam. Immerhin traf ich gleich auf Paula, mit der ich mich an die Bar setzen, Cocktails schlürfen und die Massen um uns kommentieren konnte. Es wurde voller und voller. Zu unseren Füßen auf der Tanzfläche ein Brei aus Menschen. Ich gähnte. Paula auch.

»Ich glaub, ich geh heim«, sagte sie. »Kommst du mit?«

Ich hob bedauernd die Schultern.

»Ich muss noch auf Will Smith warten, hab ich versprochen ...«

Sehnsüchtig blickte ich Paula nach, die in die frische Berliner Nachtluft verschwand, um sich einen Dürüm Döner für den Heimweg zu holen. Dürüm-Döner ist die beste Mahlzeit, wenn man nachts oder frühmorgens nach Hause kommt. Jedenfalls bis man so Mitte zwanzig ist. Da ist sogar Salat drin.

»Da kommt er«, rief plötzlich der Barkeeper.

Tatsächlich. Mitten durch die vollgestopfte Tanzfläche schob sich Will Smith. Na dann los! Ich rutschte vom Barhocker und versuchte, mich an ihn heranzupirschen. Leider war er von fünf Bodyguards umgeben, die ihn von der Menge abschirmten. Freundlich lächelte er zwischen den massigen Schultern nach rechts und links. Aber ich war fest entschlossen, mein Versprechen zu halten. Drängeln hatte ich gelernt, schließlich bin ich jahrelang Schulbus gefahren. Ich schob mich dicht hinter den Bodyguard, der Will Smiths rechte Schulter bewachte, griff von unten zwischen ihm und dem Bewacher der linken Schulter durch ... *zack!*

Jetzt ist es raus. Herr Smith, wenn Sie sich immer gefragt hatten, wer Sie nach dieser Premiere in den Hintern gekniffen hat – ich war es, entschuldigen Sie bitte. Es war für meine Mitbewohnerin. Aber die Party war ja eh lahm, oder? Die hätten Sie womöglich sonst längst vergessen.

Nachdem ich meinen Auftrag erfüllt hatte, drehte ich mich schnell um und ließ mich an den Rand der Tanzfläche spülen. Befriedigt verließ ich den Club und holte mir meinen wohlverdienten Dürüm-Döner. Es war der letzte für lange Zeit. Langsam wurde ich erwachsen.

Döner darf man immer essen, da muss nicht bio draufstehen – det is Barlin, da isst man Döner »mit scharf und alles«. Im Prenzlauer Berg gibt es nicht mehr so viele Dönerbuden. Wir sind halt nicht mehr Mitte zwanzig. Dafür gibt es hier jetzt für jede Unverträglichkeit etwas. Sogar glutenfreie Asia-Brötchen mit vegetarischem oder fischigem Belag. Man darf natürlich auch mal eine Currywurst essen. Die gibt es ja mittlerweile auch in bio. Und ist schließlich in Berlin erfunden worden, von Herta Heuwer übrigens, falls Sie mal klugscheißen möchten.

Man muss natürlich auch immer ein bisschen darauf achten, in welchem Teil Berlins man gerade unterwegs ist. Jeder Kiez ist ja eigen. In Friedrichshain sind die ganzen Studenten und junge Familien, die im Prenzlberg keine Wohnung mehr gefunden haben, in Kreuzberg mischen sich die Linksalternativen und türkischen Großfamilien, und im Prenzlauer Berg ist das Kinderparadies der Bio-Muttis.

Eine Latte an den Becherhalter des Kinderwagens stecken? Prima! Sie nehmen natürlich Ihren eigenen Becher mit, gell? Keinen zum Wegwerfen. Aber bitte Matcha-Latte, das ist der neueste Schrei. Schmeckt gewöhnungsbedürftig, ehrlich gesagt ein bisschen nach Schlamm, aber vielleicht kommt ja bald ein neuer Trend.

Geh Scheißn!

»Was ist ein Name?
  Was uns Rose heißt,
  wie immer es auch hieße,
  duftet süß!«
  – Oh, lieber William Shakespeare, da sagst aber was!

»Brbl.«
So ungefähr habe ich meinen Namen früher ausgesprochen. Damit habe ich etwas schon an sich Schwieriges fast unmöglich gemacht, nämlich meinen Namen zu verstehen. Immer, und ich meine *immer,* musste ich mich wiederholen oder buchstabieren. Im Ausland noch schwieriger. Umlaut. Dort wurde ich dann einfach »Purple«, »Babbel« oder »Bao Bao« genannt. Letzteres bedeutet »Liebling« auf Chinesisch und ist auch der Name eines Pandas im Berliner Zoo.

Wenn ich in Berlin tanzen ging und mich jemand nach meinem Namen fragte, sagte ich deshalb immer »Angelika«. Meine Freundin Angi (sprich: Anschi) fand es entsetzlich, dass jeder ihr dann ungebeten den Stones-Song »Angie« vorsang. Ich wollte genau das! Mit »Bärbel« gab es kein Liebeslied, schon gar kein internationales. Also borgte ich mir einfach ihren Namen. Und siehe da – auch mir wurde hingebungsvoll ins Ohr gebrüllt: Einschie, Ei-eintschie, when will those dark clouds disappear ... Hach, das fand ich toll.

In der Schauspielschule wurde natürlich immer Goethe bemüht: »Hast nichts von Bärbelchen gehört?« Nein, hatte ich nicht. Ich war mehr für Schiller, den alten Schwaben mit den Apfelbutzen in der Schublade. Immerhin war der Spruch aber noch niveauvoller als Brösels »Na, meine Kleine, wie heißt du denn? – BÄRBEL!«

Das Schlimmste war, dass ich den dazugehörigen Film nicht kannte. Und bisher hab ich mich auch konsequent geweigert, ihn mir anzuschauen. Jaha, ich weiß: »Der ist aber gut!«

Ach ja, mit Namen, da kann man seinem Kind ja was antun! Gerade leiden ja die Kevins und Chantals unter ihren Prekariatsnamen, da ihnen von vornherein weniger Schlaues und mehr Kriminelles zugetraut wird. Der erste Kinderschwung im Prenzlauer Berg ist mittlerweile auch in der Pubertät – ob man da gerne Lasse, Bosse, Ronja und Madita heißt? Vielleicht sagt da in ein paar Jahren jeder beim Vorstellungsgespräch: »Ach, wieder so ein antiautoritärer Fratz von erfolglosen schwäbischen Start-Uppern. Den will ich hier nicht, klugscheißt nur rum und kriegt nix gebacken. Außerdem kifft er wahrscheinlich schon seit zehn Jahren.«

Vorsicht also bei der Namenswahl! Ja, leicht gesagt, gell? Man ist ja auch in seinem Milieu verhaftet. Da hab ich mich jahrelang gemütlich über alle Astrid Lindgren-Namen lustig gemacht, und plötzlich bin ich selber schwanger ...

Ach, die alten Namen, die von den Großeltern, die sind doch schön, oder? Wilhelm, Frieda, Gustav, Elisabeth ... denke ich auf einmal. Mein Mann und ich schwelgen in schönen Klängen und wählen für unseren Sohn schließlich drei aus. Ich bestehe darauf, dass er mehrere kriegt, denn wenn ihm einer gar nicht gefällt, kann er ausweichen. Als wir meiner Frauenärztin stolz unsere Wahl kundtun, lächelt sie. »Ach ja, das hab ich dieses Jahr schon öfter gehört.«

Ich finde das unsensibel und glaube ihr nicht. Als unsere Tochter sich zwei Jahre später ankündigt, sind wir immerhin regelmäßig auf Spielplätzen unterwegs und wissen, welche Mädchennamen sich gerade häufen. Wir einigen uns darauf, dass jeder einen Namen auswählen darf: Papa, Mama und der große Bruder. Ich bin schon ein bissle stolz auf die originelle Wahl meines Sohnes, denn das zeigt doch, dass der Junge schon mit drei Mozartopern hört. Tatsächlich hatte ich als Kind eine Kassette, »die kleine Zauberflöte«, die ich sehr gerne gehört habe. Die Oper ist sehr vereinfacht und mit Synthesizer gespielt, aber mit Evelyn Hamann als Königin der Nacht. Da ich die Kassette nicht gefunden hab, haben wir zuhause die richtige Oper angehört – und siehe da, sie gefiel unserem Sohn –, und ich konnte ihm die Geschichte haarklein erzählen, weil ich sie so gut kannte. Anfangs ist es mir noch ein kleines bisschen peinlich, aber bald erzähle ich stolz von unserer Namenswahl. Und – du glaubst es nicht – auf einmal treffen wir lauter Tristans, Aidas und Taminos auf der Straße! Klar, all die Bildungsbürgerkinder, die in den 1980ern Kinderopern reingedüdelt kriegten, sind jetzt dran mit Kinderkriegen und Verklären der eigenen Kindheit. Astrid Lindgrens Namen sickern schon langsam in die Unterschicht, und in ein paar Jahren ist dann Leopold der neue Kevin und Helene die neue Chantal. Jetzt heißt es statt Beyoncé Pamina, statt Elvis Rigoletto.

Was tun? Wenn sie sich mit dem Gedanken tragen, Kinder zu bekommen, kann ich Ihnen momentan nur raten, noch weiter zurückzugehen. Zu den Nibelungen beispielsweise: Woglinde, Kriemhild, Fasolt und Alberich. Oder gleich zum Hildebrandslied: Hadubrand, Odoaker, Heribrand – für die Mädchen kann man ja bei den keltischen Göttinnen suchen: Ardwinna, Veleda und Genoveva.

Bis es dann endlich wieder Zeit wird für Renate, Heike, Ralf und Markus kann man sich ja vielleicht doch an dem amerikanischen Trend orientieren, Ortsnamen oder Naturereignisse zu Namen zu machen. Aber bitte nicht Paris, so heißt ja mittlerweile jede(r)! Summer und April gibt's auch schon genug. Wie wär es mit Bietigheim, Magdeburg, Blitzeis oder Hochnebel? Man kann auch gleich bestimmte Vorlieben oder Überzeugungen in diesem kleinen Menschen anlegen: Donau Penicillin, Vanille FKK ... es gibt so viele Möglichkeiten. Ach, die weise Astrid Lindgren: Schokominza Rollgardina, das hatte die schon vor 100 Jahren erkannt!

Aber, egal wie man es macht, man kann nie alles bedenken! Zum Beispiel die Macht des Dialekts. Neulich war ich bei meiner Schwester in Ravensburg zu Besuch, und wir saßen auf dem Spielplatz und beobachteten die Kinder beim Rutschen.

Plötzlich horchte ich auf.

»Du, die Xenia-Adelheid brüllt immer ›Geh scheißen‹, kann das sein? Woher hat sie denn das?«

Wir riefen die Kleine zu uns.

»Geh scheißen sagt man nicht«, erklärte meine Schwester streng.

»Aber der soll doch weggehen«, plärrte das Mädchen, »der ärgert uns immer.«

»Ja, dann sag ihm das, aber nicht mit Scheiße.«

»Aber der heißt doch so!«

»Wie?«

»Scheißn.«

Die Kleine ist ganz verzweifelt.

Da geht uns plötzlich ein Licht auf. Der arme Junge. Haben Sie's erkannt?

»Geh! *Jason!*«

Ein Häuschen in der Uckermark

Ein Häuschen in der Uckermark ist für viele ein großer Wunsch, besonders wenn man ein Prenzel-Yuppie mit Kind(ern) ist. Bisher habe ich das spöttisch belächelt. Ich bin sogar eine Zeitlang aus dem Prenzlauer Berg weggezogen, nach Kreuzberg, weil es ja nicht zum Aushalten war mit all diesen Kinderwägen. Ich wollte Clubs, Kneipen, coole Läden und auf der Straße feiern. Hab ich gemacht. Und eh man sich's versieht, sind zehn Jahre vertanzt. Jetzt hab ich selbst ein Kind, und ganz ehrlich, da ist es in Kreuzberg doch nicht zum Aushalten mit all den Partytouristen. Also wohnen wir wieder im Prenzlauer Berg. Und werden jetzt auch eingeladen zu prenzlauer-bergischen Kinderveranstaltungen. Wenn wir früher rausgefahren sind aus Berlin, dann im Cabrio-Zweisitzer, um ohne Navi an irgendeinen coolen See zu gelangen, Bier und Wassermelonen als Proviant und sonst nix.

Heute aber sind wir zum zweiten Geburtstag des Sohnes eines Kollegen eingeladen. Der wird in deren Ferienhäuschen in der Uckermarck gefeiert. Ich mache Kartoffelsalat, Ehrensache. Außerdem kann ich so sicher sein, dass es was Leckeres zu essen gibt. Dieses Mal muss aber einiges gepackt werden, schließlich haben wir einen Einjährigen dabei. Also türmen sich bald Taschen mit Wechselwäsche, Windeln und Feuchttüchern, die Globuli-Kinderapotheke, Fläschchen, Schlafsack, Reisebettchen, Babybrei, Löffelchen, Lätzchen, Matschhose, Picknickdecke, Dinkelstangen und ... Moment, was könnte noch fehlen? Sind wir für alle Eventualitäten ausgerüstet? Mein Mann versucht mich zu beruhigen: »Wir fahren ja nicht in die Wildnis und auch nur für einen Tag, heute Abend sind wir ja zurück.«

Trotzdem.

»Lass uns vorsichtshalber die Regensachen einpacken.«

»Der Wetterbericht ist super.«

»Kann sein, aber man weiß ja nie. Dann stehen wir da.«

Geduldig schichtet er alles in den kleinen Mietwagen, während ich Bruno-Hugo-Luis in seiner Babyschale festschnalle.

»Ob ich mich zu ihm nach hinten setzen soll? Wenn er was braucht?«

»Was soll er denn brauchen? Der schläft jetzt gleich ein, und in zwei Stunden sind wir da.«

Erschöpft sinke ich in den Autositz, drehe mich aber sofort wieder um.

»Geht's dir gut, Schätzle?«

Bruno-Hugo-Luis nickt mich beruhigend an. Während wir losfahren, versuche ich, die richtige Adresse ins Navi zu tippen. Schon das ist schwierig.

»Wir müssen eine Ausfahrt früher raus, als hier angezeigt wird, weil es da eine Baustelle gibt«, informiert mich mein Mann.

»Okay, da musst du mit aufpassen.«

Wir kurven durch Berlin, die Sonne scheint, das Radio singt uns Sommerliches vor. Ich freue mich.

»Ach guck mal, hier ist es auch total schön. Den Park hab ich noch nie gesehen.«

»Ich auch nicht. Diese Strecke bin ich auch noch nie gefahren. Checkst du das Navi nochmal?«

Ich bin ein bisschen beleidigt, schaue aber nochmal nach. Und stelle beschämt fest, dass ich nicht »schnellste Strecke«, sondern »schönste Strecke« gewählt habe. Aber wir sind ja erst eine dreiviertel Stunde unterwegs, und die Strecke war wirklich schön. So

weit hat uns das nicht zurückgeworfen. Jetzt lotst uns das Navi aber doch zur Autobahn. Nach einer weiteren halben Stunde: Stau. So ein Mist. Wo wollen die denn alle hin jetzt?
»Willst du auch noch was trinken?«
»Nein, lieber nicht, ich muss eh gleich aufs Klo.«
»Das löst sich sicher gleich auf, dann sind wir ratzfatz da.«

Nach einer weiteren Stunde hat sich die voraussichtliche Ankunftszeit auf dem Navi schon in den Nachmittag verschoben. Bruno-Hugo-Luis schläft noch, aber er räkelt sich schon. Ich werde unruhig. Eigentlich muss ich schon seit mindestens einer halben Stunde aufs Klo.
»Das ist ja schlimm, fahr ab, hier kommen wir nicht weiter.«
»Aber wir müssen nicht unbedingt wieder die schönste Strecke fahren.«
»Hauptsache, wir fahren überhaupt mal wieder«, zische ich.
»Mist.«
»Was?«
»Ich glaube, wir hätten die Ausfahrt vorher nehmen müssen.«
»Boah, ich will nie wieder in die Uckermark. Ich bin so froh, dass wir da kein Haus haben!«
Das Kind räkelt sich, wird wach und quäkt los. Ich drehe mich um.
»Ihm scheint die Sonne ins Gesicht, halt mal an, damit ich was vor die Scheibe machen kann.«
»Da vorne ist schon eine Kurve, dann scheint sie ihm nicht mehr ins Gesicht. Ich will jetzt langsam mal ankommen.«
»Ach nee? Eigentlich sollten wir ja auch schon längst da sein, oder?«
»Wenn wir nicht die schönste Strecke genommen hätten, wären wir das vielleicht.«
»Pah, das hat uns kaum Zeit gekostet, aber diese Scheiß-Ausfahrt, die nicht zu finden ist. Hast du sie jetzt?«
»Ich muss erst wenden, da-«

Bruno-Hugo-Luis fängt an zu jammern und biegt sich in der Babyschale durch. Ich drehe mich wieder um und versuche, ihm das Teefläschle in den Mund zu schieben. Doch er spuckt es angewidert aus. Die Dinkelstangen nimmt er freudig entgegen und wirft sie dann schwungvoll zur Seite. Nach der siebten höre ich auf und drehe mich nach vorne. Sofort beschwert sich Bruno-Hugo-Luis, und ich drehe mich wieder um.

»Boah, das ist ganz schön anstrengend, so verdreht.«
»Dann lass es doch.«
»Aber dann ist er unzufrieden. Komm, wir singen ihm was vor. In einen Harung, jung und schlank, zwodreivier ssst tata tiralala …«

Bruno-Hugo-Luis mag das Lied, und auch ich bekomme wieder bessere Laune. Die Sonne scheint, und wenn wir ankommen, wird gleich gegrillt.

»Ha, das muss die Ausfahrt sein!«
»Super.«
»Mist.«
»Was?«
»Die ist gesperrt.«

Ich entknote mich und schaue wieder vorne raus. Diese Scheiß-Uckermark, echt. Und wenn wir einfach wieder heimfahren? Kartoffelsalat haben wir ja. Ich motze vor mich hin, während Bruno-Hugo-Luis schicksalsergeben an einem Apfelstück lutscht. Matthias fährt rechts in einen kleinen Feldweg und hält an.

»Sind wir da?«
»Nein. Geh erst mal pinkeln.«

Ich steige aus dem Auto. Und bin tatsächlich überrascht.

»Hier sind lauter Birnbäume … sogar mit Birnen dran.«

Mein Mann steigt auch aus und befreit unseren Sohn aus der Babyschale. Gemeinsam tappen wir zwischen den Birnbäumen herum. Dann breiten wir die Picknickdecke aus und wickeln Bruno-Hugo-Luis. Ich blicke in den blauen Himmel. Es ist ganz still, nur ein paar Bienen summen, und ich beginne, langsam zu entspannen.

»Wollen wir nicht hier picknicken?«, bitte ich.

Matthias grinst mich mitfühlend an und hält mir einen großen Löffel Kartoffelsalat vors Gesicht.

»Pack was zu essen ein, wir fahrn nach Brandenburg«, singt er. »Komm, den Rest schaffen wir auch noch, jetzt ist es bestimmt nicht mehr lang.«

Ich seufze ergeben, und wir räumen unsere Sachen ins Auto zurück. Bruno-Hugo-Luis wehrt sich energisch dagegen, wieder angeschnallt zu werden.

»Komm, ich setz mich zu ihm und spiele mit ihm.«

»Dann wird dir schlecht.«

»Ist ja nicht mehr weit«, ermutige ich mich selbst. »Wir schaffen das. Und dann nie wieder! Nie wieder in die Uckermark, versprich mir das!«

Ich mache Fingerspiele mit Bruno-Hugo-Luis, der fröhlich kichert, und mein Mann startet den Wagen und fährt los. Nach fünf Minuten hält er wieder an und schnallt sich ab.

»Was ist los? Musst du auch mal?«

»Wir sind da.«

»Wow, das ging ja richtig schnell.«

Wir räumen Kind, Kartoffelsalat und ein paar der wichtigsten Taschen aus dem Auto und stapfen über eine große Wiese auf das Backsteinhäuschen zu, um das sich Kinder und dazugehörige Eltern jagen. Ich bin schlagartig gut gelaunt. Wir sind satt, frisch gewickelt, und die Sonne scheint. Alle begrüßen uns herzlich.

»Hallo, ich bin die Mama von Fine-Tabea.«

»Na, wie alt ist denn eure Kleine? Oder ein Junge? Wir sind die Eltern von Jacques-Alpaka.«

Ich verstehe. Man gibt hier nicht seinen Klarnamen preis. Wir sind die Verlängerung unserer Kinder. Ich schüttle Hände und stelle mich vor: »Hi. Bruno-Hugo-Luis, ein Jahr. Also fast.«

Der Hausherr klatscht in die Hände.

»So, Leute, habt ihr Hunger? Ich schmeiß mal den Grill an, oder?«

Ich lasse mich in einen Sitzsack plumpsen und sehe mich um. Wiese, Obstbäume, ein Stoppelfeld. Wenn man erstmal da ist, ist es plötzlich schön. Matthias steckt Bruno-Hugo-Luis in eine Matschhose und platziert ihn auf dem Sandkasten. Dann plumpst er mit einem neugierigen Gesichtsausdruck neben mich.

»Und? Häuschen in der Uckermark?«

Ich grinse. »Freunde mit Häuschen reicht.«

Selbstverwirklichungsbasteleien

Wir sind zu einer Kinderparty im Freundeskreis eingeladen. Arlette-Genoveva wird zwei.

Auf der Feier kenne ich kaum jemanden. Das Geburtstagskind ist die Tochter eines Arbeitskollegen von Matthias. Seine Frau Mirka ist nett. Mirka. Sie steht neben dem Sandkasten auf dem mit Luftballons geschmückten Spielplatz und dirigiert sieben Kleinkinder, die sich im Sackhüpfen versuchen sollen. Und … sieht toll aus dabei. Hohe Stiefel, eine Weste mit Lammfellbesatz, dezenter Glitzer auf den Augen. Was hatte sie nochmal beruflich gemacht, ehe die Kleine kam? Irgendwas mit Medien auch. Ist immer viel durch die Welt gejettet. Ob sie schon wieder voll arbeitet? Ich setze mich an den verwitterten Holztisch, an dem ein paar Mütter mit Kuchentellern sitzen.

»Der Pfirsich-Schmand-Kuchen ist der Hammer«, werde ich freundlich informiert. »Musst du probieren!«

Folgsam schaufle ich mir ein Stück auf und lausche kauend den Gesprächen.

»Ich würd ja wahnsinnig gerne wieder arbeiten. Aber Teilzeit kannste da vergessen.«

»Könntest du denn zurück?«

»Nee, schwierig. Die Stelle ist gestrichen worden.«

»Ich überlege ja, was ich von zuhause aus machen kann. Ich mein, ab uns zu schreib ich ja für den Mami-Blog, aber da sind mittlerweile so viele, da komm ich höchstens alle drei Wochen dran.«

Mirka kommt angeschlendert und quetscht ihren schmalen Hintern auf die Bankecke. Sofort rücken wir alle zusammen und machen Platz.

»Jetzt erzähl aber endlich mal, Mirka«, ruft die Mami-Bloggerin. »Was ist deine geniale Idee?«

Mirka blickt sich vorsichtig um. Ihr Blick bleibt an mir hängen. Ich senke beschämt den Kopf. Wir kennen uns tatsächlich kaum, wahrscheinlich weiß sie nicht, ob sie mir trauen kann. Ich versuche, sehr unschuldig und vertrauenserweckend auszusehen, und sage schnell mit vollem Mund: »Der Kufen iff total klaffe.« Dann blicke ich mich um, als würde ich ganz konzentriert auf mein Kind achten. Mirka winkt ihre Freundinnen näher und senkt die Stimme.

»Also, ich hab das noch niemand erzählt, ja? Ich hab echt Angst, dass mir jemand die Idee klaut. Weil das ist einfach so genial, und ich hab da so Bock drauf. Und ich glaube halt auch echt, dass das total erfolgreich sein könnte.«

Mein Gott, bin ich gespannt! Ich kipple unruhig hin und her. Mirkas Blick streift mich wieder, sie zieht kurz die Augenbrauen zusammen. Schnell drehe ich mich weg und binde meinen Schuh. Dann richte ich mich mit dem Rücken zum Tisch auf und winke in Richtung Kinder, als wäre ich ganz in deren Spiel versunken. Dabei lehne ich mich unauffällig näher an die Frauengruppe. Meine Ohren wachsen in Richtung Mirka.

»Ich dachte ja erst gar nicht, dass das so einschlagen könnte. Aber meine Schwiegermutter will das unbedingt haben, und Friederike hat auch schon gesagt, sie will mindestens zwei. Ich selber hab ja ... ihh!«

Jemand schubst mich in den Rücken. Ich zucke zusammen.

»Deine Haare hängen in der Sahne«, informiert mich Mirka kühl.

Oh, nein. Ich habe mich zu weit rübergehängt beim Lauschen. Verlegen wische ich mit einer Serviette an meinem Kopf rum.

»Willst du das nicht lieber rauswaschen?«, fragt mich die Mutter neben mir leicht angewidert.

Das will ich auf keinen Fall. Ich möchte hier sitzen bleiben und das Geheimnis der kreativen Mütter erfahren. »Ach, geht schon«, murmle ich.

Die anderen gucken entsetzt. Ich werde rot.

»Ja, dann wasch ich das mal ab. Bis nachher«, sage ich ergeben und stehe langsam auf.

Sprich doch schnell weiter, bitte ich im Stillen, während ich umständlich meine Tasche auf die Schulter schiebe, meinen Pulli zurechtzupfe und mich recke und dehne. Ein Seitenblick zeigt mir, dass das Gebet leider nicht erhört wird. Alle fünf Frauen schauen mir ungeduldig bei meinem Tanz zu. Seufzend mache ich mich auf den Weg zum Klo. In Windeseile reinige ich meine verklebten Haare und stürme zurück an den Kuchentisch. Beifälliges Gelächter schallt mir entgegen.

»Boah, super, echt! Du bist aber auch so kreativ, da fehlt mir leider das Geschick. Ich würde das auch so gerne können.«

Mirka winkt bescheiden ab.

»Die Figuren gieße ich ja nicht selber. Die bestell ich.«

»Also, ich hätte gern eine in Pink«, ruft die Blog-Mama. »Mit Giftgrün dabei. Machst du das?«

Mirka nickt ernsthaft.

»Ja, die Kombi kommt, ehrlich gesagt, am besten. Welche Größe denn? Es gibt ja die kleinen, die sind so fünfzehn Zentimeter, davon würde ich dann aber eine ganze Gruppe nehmen, das kommt besser, finde ich. Und dann die mittlere Größe, das sind fünfzig Zentimeter, da kann auch eine Einzelne schon sehr cool aussehen, wenn du sie gut platzierst. Aber ich finde ganz ehrlich halt die Großen am tollsten, die sind ein Meter zwanzig.«

Die Blog-Mami überlegt.

»Hmmm, also groß find ich schon auch gut. Wir haben halt

nicht so viel Platz, weißt du? Wir haben den Kindern jetzt zwar ein Hochbett gebaut, aber Fritz und ich schlafen ja im Durchgangszimmer ... aber vielleicht neben der Tür. Obwohl, da ist die Garderobe. Dann doch am besten im Wohnzimmer. Da müssen wir dann halt aufpassen wegen der Kinder, wenn die da rumtoben.«

Mirka nickt verständnisvoll.

»Ja, aber dadurch, dass es ja Plastik ist, kann es eigentlich nicht kaputtgehen, das ist wirklich praktisch. Grade für Familien. Ich glaube, deswegen kommt das auch so gut an. Also, ich bin ganz aufgeregt.«

Ich bin auch aufgeregt. Ich möchte jetzt endlich wissen, was für eine geniale Erfindung das ist. Aber wie? Am besten ich tue so, als wüsste ich eh schon Bescheid. Es muss ja irgendeine Art von Dekoration sein, oder?

»Mirka«, sage ich. »Welche Farbkombinationen hast du denn sonst noch? Ich glaube, ich möchte das auch haben, aber Pink passt bei uns nicht so gut.«

Mirka schaut mich verblüfft an. Aber die Schmeichelei wirkt stärker als ihre Irritation.

»Hmm, also man kann da natürlich ganz puristisch sein.«

Ich nicke zustimmend.

»Puristisch ist gut. Alles andere findet Matthias sonst schlimm.«

Mirka lacht.

»Ja, die Männer. Die haben da oft keinen Sinn dafür. Da musst du einfach auf Durchzug schalten und alles so machen, wie du denkst. Am Ende sind sie dann nämlich froh drüber und wundern sich, wie stylisch es geworden ist. Also, ich könnte dir zum Beispiel eine Gruppe in Gold machen – alle drei Größen, aber in der gleichen Farbe, ich glaube, das würde total cool aussehen.«

Mir schaudert ein bisschen. Hab ich jetzt drei goldene Irgendwas in verschiedenen Größen gekauft?

»Hast du zufällig ein Bild davon dabei?«, bitte ich zaghaft.

Strahlend schüttelt Mirka den Kopf.

»Nein, aber nächsten Samstag mache ich eine Vernissage bei uns in der Wohnung mit allen meinen Sachen. Komm doch auch! Vielleicht findest du da ja noch mehr, was dir gefällt.«

Sie hält mir einen Flyer auf Glanzpapier hin. Plötzlich scheint die Sonne viel wärmer. Die Mütter um mich her sind keine Wand mehr, die mich ausschließt, sondern ein Kreis, der mich aufgenommen hat. Ich nicke glücklich. Und bin so was von gespannt.

Am Samstag schleppe ich Matthias und Bruno-Hugo-Luis pünktlich zur angegebenen Adresse in der Prenzlauer Allee. Ewige Lichter sind im Treppenhaus verteilt und führen mit ihrem roten Flackern zum Dachgeschoß. In der Tür steht Mirka in einem glitzernden Paillettenkleid und umarmt uns enthusiastisch.

»Wie wunderbar, dass ihr da seid. Heiner macht euch 'nen Drink. Und dann schaut euch um. Wenn ihr Fragen habt, meldet euch bitte, ja?«

Entzückt schäle ich das Kind und mich aus den Jacken. Gott sei Dank habe ich auch ein Kleid angezogen. Ich fühle mich wie eine moderne, coole Prenzlmutter.

Die Wohnung ist riesig, loftartig und hell. Der Boden ist weiß lackiert und mit Tierfellimitaten belegt. Ich hoffe zumindest, dass es Imitate sind. An den Wänden hängen Bilder. Ich trete näher. Zuerst dachte ich, es sei eine Kinderzeichnung, aber das kleine Schild daneben klärt mich auf: »Miley Cyrus goes krass, Edding auf Backpapier, 2012. 70€«.

Es folgen: »Nebel am Kollwitzplatz«, »Summer in the city« und »Hommage an Marlene Dietrich«. Alles auf Backpapier. Hmm. Ich schlendere weiter. Heiner kommt mit zwei Sektflöten an und küsst uns auf die Wangen. Er und Matthias tauschen Blicke, mein Mann zieht die Augenbraue hoch, Heiner verdreht die Augen zur Decke. Aha.

»Ist das alles Kunst hier?«

»Meine Frau würde Ja sagen«, sagt Heiner grinsend. »Aber zu verkaufen ist nur das Zeug, wo ein Zettel dranklebt.«

Über dem Sofa hängt ein riesiges Geweih. Die Spitzen sind pink lackiert, und aus den Augenhöhlen hängen Sprungfedern mit Tennisbällen. Heiner folgt meinem Blick.

»Das hängt hier immer«, seufzt er. »Aber Mirka hat gesagt, du weißt schon, was du kaufen willst?«

Matthias verschluckt sich an seinem Sekt und hustet los. Ich klopfe ihm beruhigend auf den Rücken und flüstere ihm zu: »Du hast natürlich Vetorecht!«

Er nickt mit glasigen Augen und folgt mir zu einer großen Bar, an die sich eine offene Küche anschließt. Darauf stehen Sektkühler, Platten mit Schnittchen und jede Menge japanischer Winkekatzen. Nur, dass sie nicht winken. Sie haben die Pfoten erhoben und glotzen starr vor sich hin. Die Katzen zwischen den Schnittchen sind klein, am Ende der Bar stehen größere, und auf dem Boden wandert eine metergroße Katzenarmee Richtung Fenster. Die meisten sind in grellem Pink lackiert, manche haben giftgrüne Kreise auf den Augen. Mirka kommt angetänzelt.

»Ahh, du hast sie entdeckt!«, ruft sie. »Da siehst du gleich, wie gut die sich in unterschiedlichen Größen machen. Wie viele willst du? Da vorne hab ich schon eine ganz in Gold.«

Ach du liebe Zeit. Ich habe auf dem Spielplatz aus Versehen eine Vorbestellung für Katzenplastiken aufgegeben. Ich schlucke nervös.

»Aber sie winken ja gar nicht«, piepse ich schließlich zaghaft.

Mirka schüttelt den Kopf.

»Nee, die sind am Stück gegossen. Aus Plastik, also praktisch nicht kaputtzukriegen. Selbst wenn Kinder damit spielen.«

Sie zwinkert mir zu. »Sollten sie natürlich besser nicht. Wegen dem Lack.«

Ich beiße mir auf die Unterlippe und schaue sehr besorgt.

»Hmm, also das geht bei uns dann nicht. Weil unser Kleiner leider alles ableckt.«

Im Geiste bitte ich Bruno-Hugo-Luis um Verzeihung für diese infame Lüge.
Mirka schaut enttäuscht. Dann lächelt sie gewinnend.
»Ach, du findest sicher was.«

Matthias ist vor einer Installation stehengeblieben. Auf einem großen quadratischen Holzbrett sind in regelmäßigen Abständen Kreise aufgeklebt. Sieht gut aus. Bisschen wie Klee oder Schlichter. Bei näherer Betrachtung erweisen sich die Kreise als Wurstscheiben. Ich glaube, es ist Paprikalyoner. Das ist ja spannend. Mirka stellt sich neben uns und deutet auf das Bild.
»Und? Wie findest du's?«
»Interessant. Ist das echte Wurst da drauf?«
»Ja. Paprikalyoner.«
»Ach, das hab ich mir gedacht. Ist ja toll. Dann ist das also vergängliche Kunst, oder? So eine Art modernes Vanitas-Bild?«
»Anitas kenn ich gar nicht. Was hat der gemacht? Aber vergänglich ist das nicht, das ist eins a haltbar. Mit Kunstharz und Lack.«
»Dann schimmelt es nicht irgendwann runter?«
Mirka wirkt jetzt leicht verunsichert.
»Das sollte es eigentlich nicht, nein.«
»Ach, toll is das, wirklich. Hat auch so eine Tiefe. Konsumkritik, Massentierhaltung, ich seh da ganz viel drin. Was war denn deine Inspiration?«
»Ach, alles das eigentlich«, meint Mirka zögerlich. »Du, sorry, ich muss kurz da drüben zu Lissy, die wollte den Quinoa-Zyklus haben.«
Und weg ist sie.
»Du bist gemein«, sagt mein Mann.
»Wieso?«
Ehe ich mich weiter aufregen kann, poltert es hinter dem Schreibtisch. Ich sehe mich um.
»Wo ist denn Bruno-Hugo-Luis?«
»Ich dachte, im Kinderzimmer.«

Ich bücke mich unter die Tischplatte und sehe mein Kind, wie es versucht, in eine Art Skulptur zu klettern. Schnell zerre ich ihn heraus. Dann nehme ich die Figur in Augenschein. Es ist ein Gipsabdruck eines Schwangerschaftsbauches. Vermutlich Mirkas. Ob sie die auch verkauft? Plötzlich habe ich eine Idee. Diese ganze Kreativität um mich herum hat mich angesteckt. Mir wird ganz heiß vor Aufregung.

»Mirka, komm doch mal. Verkaufst du die Gipsplastik auch?«

»Was? Nein, um Himmels willen. Die steht jetzt nur dahinten, weil ich nicht so richtig weiß, wohin damit.«

»Ich habe eine tolle Idee«, rufe ich triumphierend. »Ein ganz ganzheitliches, persönliches und individuelles Konzept, gleichzeitig weltumspannend, könnte man sagen …«

Ich spüre, wie mir vor Aufregung rote Flecken auf den Wangen wachsen. Egal. Ich blicke mich vorsichtig um, nicht dass jetzt jemand lauscht und mir meine Idee klaut. Die ist nämlich genial! Damit kann ich mich und tausende Mütter gleichzeitig glücklich machen. Ach, ist das herrlich, wenn man mal wieder so rauskommt aus seinem Haushalts-Kinder-Gewurstel, wie die Ideen dann sprudeln. Jetzt verstehe ich Mirka vollkommen. Auch ich kann eine erfolgreiche kreative Mutter sein! Mirka schaut mich immer noch fragend an. Ich winke sie näher zu mir und senke die Stimme.

»Pass auf. So viele Frauen wollen doch gerne so eine Erinnerung an diese besondere Zeit haben. Aber was bleibt, ist eine leere Hülle, ein Ding, was nirgends richtig hinpasst und einstaubt. Aber was ist, wenn man dem eine neue Aufgabe gibt? Ein Blumentopf! Verstehst du? Aus diesem Bauch wird dann immer etwas wachsen, er wird immer Leben in sich tragen.«

Jetzt werde ich vor Begeisterung doch lauter. Denn jetzt ist mir der Clou eingefallen.

»Am besten pflanzt man gleich die Plazenta mit ein.«

Eine Stunde später verlassen wir die Vernissage mit zwei Backpapierbildern, die ich Mirka abgekauft habe, damit sie meine bahnbrechende Geschäftsidee für sich behält. Schweigegeld sozusagen. Leider habe ich damit dann doch nicht weitergemacht. Neue Projekte, Haushalt, Kitaeingewöhnung kamen mir dazwischen, dann war ich wieder schwanger. Und habe total vergessen, einen Gipsabdruck von meinem Bauch zu machen. Aber aufgeschoben ist ja nicht aufgehoben. Wenn Sie einen ganz individuellen Blumentopf möchten: Werden Sie schwanger und melden Sie sich bei mir!

Kindergeburtstag

»Schokoladenwettessen«, »Oma ist tot« und »Armer schwarzer Kater«. Das waren unsere Lieblingsspiele früher beim Kindergeburtstag.

Am allerbesten war es, wenn es der eigene Geburtstag war. Dann kamen noch Geschenke dazu. Schon damals entwickelte man irgendwann den Blick auf die besten Schenker, da hat man als Kind ja manchmal eine andere Ansicht als die Eltern. Ich musste immer Kinderbücher verschenken oder förderliche Holzspiele, Malstifte und Ähnliches. Aber es gab Kinder, die brachten Schleck mit (Schleck nennt man in Schwaben Süßigkeiten), und zwar richtig viel davon! Oder Plastiktrolle mit bunten Steinen im Bauchnabel. Oder diese Gläser mit einem türkisfarbenen Stäbchen, unten ein Bobbel, oben ein Wölkchen, die man nicht zum Trinken nehmen sollte, sondern in eine Vitrine stellen. Oder Parfüm in Form eines Telefons. Ach, herrlich. Solcherlei Dinge waren meine Sehnsuchtsobjekte, und ich war durchaus bereit, dafür zum Beispiel die Adelheid einzuladen. Meine Mutter hielt davon nichts. Und jetzt, wo ich selber Kinder habe, kriecht sie immer stärker in mir hervor, meine Mutter, und lässt mich vernünftig und förderlich einkaufen. Das fällt aber nicht unangenehm auf, denn im Prenzlauer Berg werden nur förderliche, vernünftige, schöne Dinge verschenkt. Als kleines Zugeständnis habe ich dieses Jahr beim Luftballonkaufen noch ein kleines oranges Disney-Flugzeug aus dem Supermarkt mitgenommen – und siehe da: Es war das schönste Geschenk von allen.

Jetzt werden die Kinder größer, ab vier dürfen die Kinder dann allein feiern. Das erspart einem die zusätzlichen Kuchen für die Eltern, aber dafür muss man sich ein Kinderprogramm ausdenken. Denn die Kinder werden zuhause ja erzählen, was sie erlebt haben. Und wenn sie dann sagen: »Wir haben Vollkorn-Haferflocken-Cookies gegessen und dann im Kinderzimmer getobt, bis ihr uns abgeholt habt«, ist das mager. Das geht nicht. Die Latten werden immer ein wenig höher gehängt. Das beginnt schon mit dem dritten Geburtstag. Bruno-Hugo-Luis ist bei Gwiness eingeladen. Die Einladung ist sehr liebevoll selbstgebastelt, mit Glitzer und Aufklebern und einem zusätzlichen Zettel für die Eltern. Darauf steht, wohin man sein Kind bringen soll, was man an Kleidung dabeihaben soll und wie der Ablauf des Nachmittags aussieht, inklusive Alternativen für verschiedene Wettersituationen.

Wow. Beeindruckend.

Wir kaufen ein Kinderbuch, packen es schön ein und schreiben eine Geburtstagskarte. Und los geht's. Eigentlich gilt ja die Regel: Man darf so viele Kinder einladen, wie man alt geworden ist, aber hier tummelt sich die halbe Kita-Gruppe. Ich schaue mir sehr gern andere Wohnungen an. Diese ist nicht groß, aber bewundernswert ordentlich und organisiert. Und an allen Schranktüren sind Kindersicherungen. Etwas beschämt denke ich an unsere Schranktüren. Wir haben eine Packung Sicherungen gekauft, fanden sie aber hässlich und hatten keine Lust, sie anzuschrauben, also haben wir unserem Kind einfach angewöhnt, keine Schubladen und Schranktüren aufzumachen. Hat funktioniert, ist aber natürlich fahrlässig. Im Badezimmer fällt mir auf: Gwiness hat schon eine elektrische Kinderzahnbürste. Notiere ich im Kopf. Am Kuchen sind die Kinder gar nicht so interessiert, sie geben ihre Geschenke ab und helfen beim Aufreißen und Verstreuen. Ich schaue, was so verschenkt wurde. Ein Arztkoffer mit Verbandszeug und Pflastern, tolles Geschenk! Der wird hingebungsvoll zerpflückt, und ich lese im Blick der Geburtstagsmutter Jutta: »Mist, ich muss morgen neue Mullbinden und Dinopflaster kaufen.«

Die Eltern machen es sich am Kaffeetisch gemütlich und ignorieren genussvoll die tobende Kinderschar. Ist ja nicht die eigene Wohnung, wie entspannend! Und man lernt neue Eltern kennen. Das ist ja sowieso hervorragend am Kinderhaben. Man kann sich einen neuen Freundeskreis erschließen. Der Beruf bringt einen ja immer mit den gleichen Leuten zusammen, da ist es erfrischend, mal in ganz neue Biografien einzutauchen. In diesem homogenen Yuppiebiotop Prenzlauer Berg ist man dabei ja auf der sicheren Seite: alles gebildete, kulturell interessierte und beruflich erfolgreiche Menschen. Beim Kuchen atme ich auf: Das kann ich besser, Backen liegt mir.

Die Kinder werden nun merklich lauter und wuseliger, die Erwachsenen versuchen sie weiter zu ignorieren. Bis auf die Geburtstagseltern. Die wollen lieber mit dem Programm beginnen, ehe die lieben Kleinen die Bude auseinandernehmen. Das Programm heißt: Die Papas gehen mit den Kindern auf Schnitzeljagd, die Mamas spazieren zum Spielplatz, wo die Schnitzeljagd und der Geburtstag mit belegten Broten enden soll. Ich nehme mir noch ein Stück Kuchen, während mein Gatte seufzend unseren Sohn anzieht. Endlich fällt die Tür ins Schloss, und nur die Mütter und einige kleine Geschwister bleiben inmitten der Papierfetzen und Kuchenkrümel zurück. Ich hätte Lust auf eine weitere Tasse Kaffee, aber für uns heißt es jetzt Brote verpacken und zum Spielplatz wandern. Da ich kein Geschwisterkind wickeln muss, helfe ich tragen. Ich lasse mich von vorne nach hinten treiben, weil ich alle Gesprächsthemen so faszinierend finde. Kinderturnen – wo und was? Unbedingt genderneutral oder gegen das Klischee arbeiten! Tanzen für die Jungs, Fußball für die Mädchen. Ich beiße mir auf die Lippen. Aha. Bruno-Hugo-Luis geht zum Fußballspielen, das hab ich ja ganz toll hingekriegt! Wieviel Religion im Kindergarten? Bald ist Sankt Martin, sollen die Kinder nicht lernen, was genau es damit auf sich hat? Ja klar, aber dafür singt man doch das Lied mit dem armen Mann im Schnee, oder? Kinderschuhe bestellt man nicht online, sondern kauft sie auf der Kastanienallee! Natürlich. Das ist auch mir klar. In diesem wirklich niedlichen, immer komplett überfüllten Laden, in dem die ungezogenen Prenzlkinder lärmen und geduldig ein Paar Füßchen nach dem anderen ausgemessen wird. Wenn ich wirklich gar nichts zu tun habe, verbringe ich gerne den Tag dort. Auch wenn es frustrierend enden kann. Wenn man endlich dran ist und die Schuhgröße ermittelt wurde. Während des Wartens hat man ja sämtliche Schuhe angeschaut und seinen Favoriten gefunden. Jedes Paar gibt es aber nur in einer Größe. Und genau das, das ultimative, das einzige, was dein Kind wirklich will, wird einem vor der Nase weggekauft. Dabei waren das Mädchenschuhe. Und eine Mädchenmutter hat sie gekauft. Und mein Junge steht jetzt da. Was ist jetzt mit Gendermainstreaming? Aber die Anna, die leider heute nicht dabei ist, die hat ja einen Laden, weiß Laras Mutter. Ach, das ist interessant. Schade, dass ihre Tochter nicht eingeladen ist. Warum bloß? Und was machen eigentlich die anderen Mütter und Väter so? Ich beschleunige meinen Schritt, bis ich Ulrike erreiche. Die weiß über alle Bescheid, die frag ich jetzt mal aus.

Ich komme ganz schön ins Schnaufen, immerhin trage ich einen Sechsmonatsbauch vor mir her. Ja, das zweite Kind. Auch ein schönes Thema. Wann sollte das kommen? Welches ist der beste Abstand für Geschwister? Das kann man mittlerweile genau berechnen. Allerdings spielt die Natur bei der Planung manchmal einfach nicht mit. Ich habe drei Geschwister, die ich trotz unterschiedlicher Altersabstände gleich lieb habe. Vor meiner ersten Schwangerschaft fand ich ja die Idee, Zwillinge zu bekommen, sehr praktisch. Mit einem Aufwasch gleich zwei Kinder, die dann, wenn sie aus dem Gröbsten raus sind, auch gleich einen gleichaltrigen Spielkameraden haben. Nur einmal die Figur ruinieren. Dieser Gedanke gefiel meiner schwäbisch-effizienten Seele.

Endlich erreicht unsere Karawane den Spielplatz. Jetzt pusten wir Luftballons auf und hängen sie in die Büsche. Wir legen Pappteller und Servietten aus und verstecken die Schatzkiste, die die Kinder am Ende der Jagd finden dürfen. Toll, toll, toll. Ich merke mir das alles. So werden Kindergeburtstage gefeiert! Dann hocken wir uns auf die Bänke, und ich informiere mich weiter. Mittlerweile werden die Grundschulen der Umgebung besprochen. Unsere Kinder werden jetzt schließlich schon drei, höchste Zeit sich mit der schulischen Laufbahn auseinanderzusetzen. Ob das ähnlich ist wie bei den Kitas? Ausdauernd anrufen, Kuchen vorbeibringen, freiwilligen Putzdienst anbieten und die eigene Vita möglichst farbig und interessant ausschmücken, bis man endlich einen Platz da bekommt, wo man hinwill? Immerhin kann man sein Kind dann bis zum Nachmittag abgeben und nicht wie in Schwaben nur bis mittags. Leicht ist es aber auch nicht. Ich bin schon ein wenig erschöpft, die To do-Liste in meinem Kopf wird immer länger, und langsam kriege ich wieder Hunger. Die Kinder müssten doch bald kommen, oder?

»Sag mal, Jutta, wo geht denn die Schnitzeljagd entlang?«

Jutta holt Luft.

»Also, zuerst geht es zur Apotheke, da müssen die Kinder nach Traubenzucker fragen. Den Traubenzucker verteilt ein Rabe, deswegen müssen die Kinder dann draußen einen Raben finden. Ein Rabe aus Metall ist bei dem Restaurant neben dem Bioladen über der Tür. Der sagt ihnen, sie müssen so viele Obstsorten aufzählen, wie sie können, und bekommen dafür im Bioladen einen Apfel. Dabei hören sie die Geschichte von Wilhelm Tell, die mit dem Pfeil. Draußen müssen sie den Pfeilen am Boden folgen, die führen sie zu der Backsteinkirche, wo sie den Engel mit dem Reh finden müssen. Bei dem ist der nächste Hinweis, nämlich …«

Ich lausche mit offenem Mund. Was für eine Odyssee. Ich werde meinen Mann und mein Kind nicht wiedersehen, heute jedenfalls nicht, da bin ich sicher. Auch die anderen Mütter verstummen betroffen.

»…rückwärts gehen wie Momo bei den grauen Männern, bis der erste-«

»Umkippt?«, rufe ich entrüstet. »Das ist doch nicht zu schaffen. Nicht an einem Nachmittag!«

Jutta blickt mich streng an.

»Doch, Uwe ist den Parcours gestern ja abgegangen und hat all die Hinweise versteckt. Das geht gut.«

»Aber …« Ich verstumme. Aus den Augenwinkeln sehe ich, wie Ulrike sich verstohlen eine Träne von der Wange wischt. Oje. Ihr Sohn Benedict Benjamin ist wirklich sehr klein für sein Alter und bastelt eigentlich am liebsten verträumt in einer Ecke. Wird er den Gewaltmarsch überleben?

Ich lege mitfühlend den Arm um sie.

»Soll ich ihnen entgegengehen?«, frage ich leise. Ulrike schluckt und blickt auf. Ihre Augen weiten sich.

»Sie kommen,« ruft sie. »Endlich, da kommen sie!«

Und wirklich, am Horizont sehe ich meinen Mann heranwanken. Er trägt Bruno-Hugo-Luis auf seinen Schultern, dessen Augen halb geschlossen sind. Nach und nach taumeln die anderen Väter heran, jeder schleppt ein erschöpftes Kind.

Matthias plumpst neben mir auf die Bank.

»So ein Scheiß«, brummt er. »Gibt's hier wenigstens ein Bier?«

Auch die anderen Väter lassen sich ächzend nieder, nur Uwe klatscht begeistert in die Hände.

»Jetzt sind wir fast am Ziel. Hier ist der Schatz versteckt.«

Die Kinder lassen sich widerwillig und schläfrig zur Schatzkiste treiben und wühlen dort in den Plastiktalern.

»Wie war's?«, frage ich, halb mitleidig, halb amüsiert.

»Entsetzlich. Kein Kind wollte irgendwelche Aufgaben lösen.

Auf dem Weg waren drei Eisdielen, und jedes Mal wollten die Kleinen ein Eis. Ich, ehrlich gesagt, auch, aber wir mussten immer weiter. Kein Kind wusste, was Pfeile sind, außer Bruno-Hugo-Luis.«

Mir schwillt heimlich die Brust vor Stolz.

»Und dann war es so weit. Nach einer halben Stunde musste Benedict Benjamin getragen werden und nach einer Stunde dann ungefähr alle. Gibt es jetzt Bier? Sonst gehen wir. Sofort.«

Die anderen Eltern stehen mit ähnlich grämlichen Gesichtern da. Benedict Benjamin ist im Buggy seiner kleinen Schwester eingeschlafen, ein völlig erschöpfter Ausdruck im zarten Gesichtchen.

Wir sammeln unsere Sachen und gehen uns verabschieden.

»Danke für den tollen Geburtstag, das war ein ganz unvergessliches Erlebnis. Wo ist denn der Bruno-Hugo-Luis?«

Jutta lächelt säuerlich.

»Der ist bei den Schaukeln mit Friedrich-Anthony. Und hat sich ganz schön viele Goldtaler in die Taschen gesteckt.«

Bemühtes Lachen, strenger Blick. Ich weiß, was ich jetzt sagen und tun müsste. Aber ich hab keine Lust.

»Echt? Gut so. Dann holen wir uns damit jetzt 'n Bier.«

Radler

Berlin ist mittlerweile eine richtige Fahrradstadt. Teilweise sind mehr Radler als Autofahrer unterwegs, was ich sehr begrüße, auch wenn es manchmal gar nicht so leicht ist, sich in den Strom auf der Schönhauser Allee einzureihen. Für jeden ist was dabei: Rennräder, Liegeräder, Lastenräder mit bis zu acht Kindern vorne drin, Hollandräder mit Anhängern, E-Bikes …

Teste dich selbst:

Du bist mit dem Fahrrad unterwegs, und dir kommt jemand auf deinem Radweg entgegen. Du …

A) fängst sofort an, wild mit dem Kopf zu schütteln, rufst: »Unverschämtheit! Falsche Seite!«, und ärgerst dich, dass es solche Rowdies gibt.
B) wartest, bis das Fahrrad fast auf deiner Höhe ist, machst dann einen wilden Schlenker, in der Hoffnung, dass der andere sich erschrickt und vom Rad fällt. Dann sagst du: »Selber schuld, falsche Seite!«
C) wartest, bis der andere auf deiner Höhe ist, und brüllst dann: »Falsche Seite, du Arschloch!« Zur Not schubst du den anderen vom Rad.
D) fährst weiter, bis der andere fast auf deiner Höhe ist, und schnalzt dann missbilligend mit der Zunge, wobei du stirn-

runzelnd den Kopf schüttelst. Hoffentlich kapiert der andere, warum.

E) fährst einfach weiter, es passen ohne Probleme zwei Fahrräder aneinander vorbei.

F) strahlst dein Gegenüber an und bist froh, dass es in der Stadt noch einen Rebellen wie dich gibt.

G) erschrickst und denkst: Scheiße, ich fahr auf der falschen Seite – oder?

H) grüßt und überlegst dann: »Moment, wieso fährt die denn den Berg hoch, wir haben doch das gleiche Ziel? Ach, scheiße, ich fahr in die falsche Richtung!«

Auflösung:

A) Du bist relativ verspannt und humorlos. Regeln sind dir wichtig, denn dann muss man nicht miteinander reden, sondern kann stur darauf verweisen. Wo kämen wir denn da hin, wenn das jeder täte? Jetzt hast du dich so aufgeregt, dein Tag ist gelaufen!

B) Du bist immer aggressiv und unter Strom. Du freust dich insgeheim, dass es Menschen gibt, die die Regeln vor deinen Augen brechen, damit du sie zurechtweisen kannst.

C) Du regst dich zwar ganz, ganz dolle auf, aber das ist gut für deinen Blutdruck. Heute Abend hast du aber was zu erzählen! Womöglich musst du nicht mal deinen Hund verhauen, weil du schon Dampf ablassen konntest.

D) Du traust dich nicht, irgendwelche Regeln zu brechen – bei Rot über die Ampel? Nicht um 2 Uhr nachts in Pusemuckel. Arme Sau.

E) Du bist total mit dir selbst beschäftigt. Es interessiert dich nicht, ob deine Mitmenschen die Straßenverkehrsordnung brechen. Armes Deutschland.

F) Du bist ein wilder Feger. Womöglich hast du schon mal vom

Obstregal bei REWE genascht oder so! Krass. Aber dit is Berlin, wa?
G) Du bist ein verpeilter Mitmensch, der davon ausgeht, dass er im Zweifel unrecht hat und das Falsche macht.
H) Du bist ein verpeilter Mitmensch, der tatsächlich meistens unrecht hat und das Falsche macht.

Na, welcher Typ sind Sie?
Wofür brauch ich gesunden Menschenverstand, wenn es Regeln gibt? Mit dem Fahrrad auf der »falschen« Seite. Hey. Ich bin eine Frau, ich fahre eh defensiv. Ich bin Schwäbin, mir ist bewusst, dass ich die Falschfahrerin bin, und weiche allen aus.
Aber bitte, stellen Sie sich Folgendes mal vor:
Ich fahre mit Bruno-Hugo-Luis hinten auf dem Kindersitz zum Bäcker. Der ist auf der linken Straßenseite, und ich muss ungefähr 300 Meter fahren. Soll ich dann ernsthaft eine vierspurige Straße überqueren, diese 300 Meter fahren, die Straße wieder überqueren und den Bäcker aufsuchen? Und am besten womöglich noch den Umweg zur jeweiligen Ampel machen? Ist doch albern, oder? Man passt echt gut aneinander vorbei. Es ist mir noch nie passiert, dass der Radweg voller Radfahrer und der Bürgersteig voller Bürger war und ich als einzige Geisterfahrerin dort Unruhe gestiftet hätte. Es ist immer auf menschenleerer Bahn, dass ich von irgendjemandem so angeblafft werde. Herrje. Echt. Zieht doch nach München, da findet sich sofort ein Polizist, der der bösen Frau einen Strafzettel ausstellt. Ich will damit nicht sagen, dass Regeln nicht wichtig wären. Das sind sie schon. Und ich halte mich an praktisch alle. Aber man sollte das Ganze als mündiger Bürger doch auch als Richtlinie verstehen und nicht den kompletten Kopf ausschalten und stoisch auf die Regel pochen. Das finde ich wahnsinnig unsexy, ehrlich. Wenn ich Regeln »breche«, dann achte ich darauf, andere damit nicht zu gefährden oder zu stören. Wenn ich auf der falschen Seite unterwegs bin, weiche ich jedem aus, der mir entgegenkommt. Und

ich habe leise immer die eine Situation aus der theoretischen Fahrprüfung im Ohr: »Sie merken, dass Sie auf der falschen Spur stehen. Was tun Sie?« Natürlich schau ich mich um und reiß dann den Lenker rum, denke ich. Aber ich kreuze brav an: »Ich biege trotzdem ab und nehme einen Umweg in Kauf.« Hm. Ja. Im Zweifel vielleicht. Aber sind die Herren Theoriefahrprüfungsbogenhersteller mal im Osten Berlins rumgefahren? Wenn du dann falsch abbiegst, dann musst du's aber büßen! Da fährst du Jahrzehnte in der falschen Spur, ehe sich dir die Möglichkeit zum Abbiegen oder Wenden bietet. Deshalb kann ich jedem, der dort merkt, dass er sich falsch eingeordnet hat, nur raten, sich schnell noch rüberzumogeln. Dabei hilft es, mit seinen Mitmenschen zu kommunizieren. Wild rüberwinken, bittebitte machen und dann rüberziehen, Kusshand werfen – und sich freuen.

In Berlin mit dem Fahrrad unterwegs sein, ist schön. Ich habe noch nie ein eigenes Auto besessen und es auch noch nie richtig vermisst. Mit dem Rad ist man meistens schneller. Und man entdeckt neue Ecken, schöne Läden, man kann einfach stehen bleiben und sich umschauen. Es gibt viele Radwege in Berlin. Manchmal laufen Fußgänger darauf herum. Ich klingle nur im Notfall, denn ich will niemand erschrecken. Womöglich hopsen sie vor Schreck auf die Straße.

Ende der 1990er, als ich ganz neu nach Berlin gezogen bin, wollte ich mir gleich ein Rad kaufen. In der »Zitty« gab es Kleinanzeigen, eine pries einen Flohmarkt mit Fahrrädern an. Nix wie hin. Die Auswahl war mager, aber ich verliebte mich in ein Rad: Es war blau, und damit für mich alles klar. 100 Mark wollte der Verkäufer dafür, aber weil man auf dem Flohmarkt handeln muss, bekam ich es für 80. Was für ein Schnäppchen! Ich nannte das Rad Alfred. Als ich losfuhr, merkte ich: Es hatte keine Gangschaltung. Hmm, blöd, da hätte ich ja mal drauf achten können. Aber immerhin war es so schön blau. 15 Jahre später werden diese unpraktischen Teile plötzlich hip, weiß der Geier warum.

Ach, ich Trendsetterin. Am Abend durchforstete ich wieder die Kleinanzeigen, ich wollte was erleben. In der Arena gab es »Viel Lärm für nichts«, da spielten Die Sterne und so. Da wollte ich hin. Und zwar mit dem Rad.

Der Hinweg war toll, es ging bergab, vom Prenzlberg nach Treptow. Nach dem Konzert holte ich Alfred, der brav an einer Laterne auf mich gewartet hatte, und strampelte den Berg wieder hinauf. Gut, dass ich von der Alb richtige Steigungen gewohnt war. Aber Alfred keuchte und rumpelte. Ich redete ihm gut zu. »Des packsch du schon, komm, Kerle!« Dann sprang die Kette ab. Ich frickelte sie rauf und strampelte weiter ... bis sie wieder absprang. Es knirschte. Und da ... das linke Pedal löste sich. Alles irgendwie Mist.

»Ach Alfred«, sagte ich traurig. »Muss denn des sei?«

Es war halb zwei nachts und mein Rad war mir unterm Hintern zusammengebrochen. Ich versuchte, das Pedal wieder dranzufummeln, aber so was gelingt nachts natürlich nie.

»Dann wartescht du halt hier«, sagte ich aufmunternd. »Morgen hol ich dich.«

Ich schloss Alfred an einen Zaun bei der Trambahn an. Leider kam keine Bahn mehr, also wanderte ich durch die Sommernacht nach Hause in die Dunckerstraße. »Dafür wird ausgeschlafen!«

Als ich am späten Nachmittag die Tramhaltestelle wiederfand, an der ich Alfred angebunden hatte, erwartete mich ein trauriger Anblick. Alfred hing schief am Zaun. Besser gesagt: sein Gerippe. Beide Räder waren weg. Das Pedal auch. Ich schluckte.

»Alfred«, flüsterte ich mit zitternder Stimme. »Das tut mir leid.«

Benommen starrte ich auf den blauen Rahmen.

»Is det dein Rad? Det kannste aber nich hier anner Tram stehn lassen!«

Ein Mann mittleren Alters mit Schiebermütze musterte mich mit zusammengekniffenen Augen.

Ich schaute abwechselnd ihn und dann wieder Alfred hilflos an. »Wir hatten uns doch gerade erst kennengelernt …«

Jahre später. Eines Tages im Herbst überkommt mich der Drang, etwas Handwerkliches zu lernen. Tischlern oder so. Ich höre mich um und entscheide mich schließlich aus einer Idee heraus, für zwei Monate in einem Fahrradladen anzufangen. Januar und Februar, so viel Schnee wie lange nicht in Berlin. Ob ich Alfred heute retten könnte?

Des find ich jetzt net so gut

Ich liebe Berlin.

Echt wahr. Ich wohne sehr gern hier. Aber jetzt grade war ich in Stuttgart, und ich muss sagen, es hat schon was, in einer Stadt mit funktionierendem Flughafen zu landen. Gut, dafür hapert es da mit dem Hauptbahnhof, aber man kann ja nicht alles haben. Was mich allerdings nachhaltig beeindruckt hat, war, dass es in der Stuttgarter S-Bahn ein 1. Klasse-Abteil gibt. In Berlin ist man ja schon froh, wenn die S-Bahn fährt. Dann setzt man sich, rein und je nach Verfassung stellt man sich vor, man ist ganz woanders, oder man beobachtet die unterschiedlichen Menschen um sich herum. Dann muss man aber gerade innerlich elastisch sein und ein paar schwäbische Reflexe unterdrücken. Zum Beispiel, wenn sich jemand mit einem Döner neben dich setzt und die Gurken rauspult, um sie zwischen Sitz und Fenster zu stopfen. Dann rutscht es mir schon manchmal raus: »Also, das find ich jetzt net so gut.«

Wenn man einen toleranten Berliner neben sich hat, sagt er vielleicht nur: »Ick aba.« In jedem Fall outet man sich als schwäbische Spießerin.

In Schwaben versteht man das. Jedes Kleinkind in der S-Bahn zieht schuldbewusst die Füßchen ein und sammelt seine Kekskrümel auf, wenn der Nachbar freundlich sagt: »Des find ich jetzt net so gut.« Und erziehungsberechtigte Mitreisende entschuldigen sich. Ich glaube, was es in Stuttgarter S-Bahnen auch niemals geben wird, sind herumrollende Bierflaschen. Das ist so typisch hier, dass man es eigentlich in die Reiseführer aufnehmen könnte.

Ich sitze in der Bahn und bin froh, wieder in den Prenzlauer Berg zurückzukommen. Gut, Neukölln ist auch Berlin, und wenn Sie nach mal hierherkommen, schauen sie sich dort ruhig um, man möchte dann ja auch das Laute, Dreckige, Unaufgeräumte sehen. Es soll ja auch ganz tolle neue vegane Lokale dort geben. Ich persönlich fahre einmal im Jahr dorthin, um die preisgekrönten Blutwürste am Karl-Marx-Platz zu holen. Da reiß ich mich dann eben mal zusammen. Und dann sitz ich da in der Bahn und möchte die Zeit nutzen, meine Meinung über den neu eröffneten Biosupermarkt an der Ecke in die Feedbackbox zu tippen. Neben mir duftet das Tütchen mit den Würsten. Ich zücke mein Smartphone, und *klickerklickerklickerklickerrummms* kommt eine Bierflasche unter der Nachbarsitzreihe hervorgerollt und stößt neben mir an die Wand. Bei der nächsten Kurve rollt sie zurück. *Klickerklickerklickerrummms.* Und natürlich war die Flasche nicht ganz leer. Wer auch immer sie hier in der Bahn abgestellt hat, hat gerade so viel übriggelassen, dass sich ein kleines Bächlein aus stinkigem altem Bier einmal hin und einmal her durch die Bahn zieht. Ich nehme meine Wursttüte auf den Schoß, in der Hoffnung, damit den schalen Gestank zu übertünchen, aber das klappt nicht. Es liegt mir auf der Zunge, ich möchte den Kopf heben und laut sagen: »Des find ich jetzt net so gut. Wem gehört denn bitte diese Flasche?« Aber dann bin ich die verspannte Spießerin, das ungeschriebene Gesetz der Berliner Coolness verlangt, rollende Bierflaschen einfach zu ignorieren. Ebenso wie übervolle Mülleimer. Fasziniert beobachte ich die Frau schräg gegenüber, neben deren Ärmel ein soßenverschmiertes Dönerpapier aus dem Abfallkorb hängt. Wie sorglos und selbstvergessen sie dasitzt. Ignoriert sie mich, oder nimmt sie das tatsächlich nicht wahr? Meditation oder Abstumpfung?

Diesen Sommer sah ja einmal der Mülleimer auf dem Spielplatz bei uns unmöglich aus. Da quollen die Windeln und Eisbecherchen raus, die Spatzen pickten schon an den Resten der Dinkelstangen. Daneben junge Eltern und ihre fröhlichen Bullerbü-Kinder. Wieder wurde einem Kind das Himbeereis aus dem Gesicht gewischt, die Mutter schaute sich suchend um und entdeckte den vollen Eimer mit dem Müllberg daneben. Schulterzuckend machte sie sich auf den Weg und fing dabei meinen Blick auf. Stummes Erkennen.

»Des find ich jetzt net so gut«, sagte sie. »So eine Sauerei, oder?«

Ich stimmte ihr absolut zu und bald standen fünf weitere Eltern mit uns um die Mülltonne herum.

»Also«, sagte schließlich Antonia tatkräftig. »Ich wohne gleich da im Hochparterre, ich hol jetzt Müllbeutel.«

Wenig später schaufelten wir mit den Kinderschäufelchen – die in Berlin »Schippe« genannt werden, kann man sich leicht merken: Schrippe-Schippe – Windeln, Feuilletons und Dinkelmatsch in robuste blaue Tüten. Dann kam plötzlich eine junge Frau in geblümtem Sommerkleid angehüpft und legte eine eingerollte Babywindel auf die volle Mülltonne. Ein kollektiver Aufschrei der Schwäbinnennationalmannschaft ließ sie zusammenfahren. Ich lächelte sie beruhigend an.

»Entschuldige, aber des isch echt net so gut. Die Mülltonne isch ja voll, gell? Schau mal, dahinten isch noch eine, wo was reinpasst. Oder du tuscht sie hier in einen von unseren Müllbeuteln.«

Die junge Frau schüttelte entschuldigend den Kopf.

»Como?«

»Au, Spanisch, da komm ich nicht mit.« Hilfesuchend blickte ich zu meinen Mitmüllsammlern, die uns auch gleich eifrig umringten.

»The diaper ... put it not on the top here ...non hacer aqui ... Herrschaft ... wie sagt man denn des jetzt?«

Schließlich nahm die Hochparterre-Antonia die Windel von

der Mülltonne und hielt sie der jungen Frau unter die Nase. Die lächelte strahlend.

»Oh, you can have it.«

Sprach's, nickte und verschwand. Wir blieben mit offenem Mund zurück.

»Glaubsch des?«, murmelte die Antonia mit der Windel in der Hand.

Ich nahm sie ihr ab und warf sie in den blauen Sack.

»Des isch net bös gmeint.«

»Noi, gwiß net. Aber des lernet die einfach nie. Genau wie beim-«

»Flaschenpfand!«, rief die Müllgruppe im Chor.

Genau das denke ich gerade auch wieder hier in der Bahn, als mir zum fünften Mal die Bierflasche entgegenrugelt. Rugeln ist so ähnlich wie Rollen, nur unbeholfener. Ich kann mich überhaupt nicht auf mein Biosupermarkt-Feedback konzentrieren. Kann das Ding vielleicht mal jemand aufheben? Gut, natürlich ist das unhygienisch und eklig, aber man hat doch Taschentücher und Plastiktütchen einstecken. Oder Händesinfektionsmittel. Seufzend stecke ich mein Smartphone ein, das Feedback würde jetzt nicht sachlich werden. Na gut, dann halt ich. Ich nehme ein Taschentuch und warte auf die nächste Kurve, die die Bierflasche wieder zu mir schickt. Dann bücke ich mich … und sehe Sternle. Jemand hat sich gleichzeitig nach der Flasche gebückt. Mit zusammengekniffenen Augen versuche ich, den Mitsäuberer scharfzustellen, da dröhnt es mir entgegen: »Ey, det war meine, ick hab die zuerst gesehen, klar?« Ein Flaschensammler. Ich nicke zustimmend.

»Bitte, nehmen Sie sie nur.«

Grummelnd stopft er die Flasche in seine ausgebeulte Plastiktüte. Der Herr neben mir räuspert sich und meint leise, aber bestimmt: »Also, des find ich jetzt net so gut. Die Dame hatte sie wirklich zuerst.«

Der Flaschenmann mustert uns verwirrt.

»Echt jetzt? Wolln Sie se wiederhaben?«

Treuherzig hält er mir die Flasche hin. Ich schüttle gerührt den Kopf.

»Schon recht. Ohne Sie würden wir hier doch im Müll versinken.«

Der Flaschensammler nickt nachdenklich.

»Da sagste was. Aba wenn hier nur noch schwäbische Mülltrenner rumrennen würden, wat sollte ich denn machen?«

Verblüffend logisch.

Deswegen hab ich bei meinem Stuttgart-Besuch auch heimlich meine Pfandflasche neben einen Mülleimer gestellt. Und bin schnell weggelaufen, denn hinter mir hörte ich es schon: »Halt! Sie! Des find ich jetzt net so gut!«

Hundeglück

Es ist Herbst, eine Jahreszeit, die Berlin oft mal auslässt. Ähnlich wie den Frühling. Oft wird es einfach plötzlich kalt, und die Bäume sind kahl. Aber heute riecht es, als wäre der Sommer vorbei, nur der Winter noch nicht da. Das müssen wir ausnutzen. Vielleicht finden wir sogar bunte Blätter. Also spazieren mein dreijähriger Sohn Bruno-Hugo-Luis und ich in den Park. Vor uns begegnen sich zwei Elternpaare mit jeweils zwei Kindern und Mops. Bruno-Hugo-Luis fängt sofort begeistert an zu singen: »Ein Mops kam in die Küche …«

Eine ältere Dame mit blaugefärbtem Haar kommt dazu und beugt sich zu einem der Hunde runter und fragt: »Wie heißt du denn?«

»Des isch der Odin«, sagt der Familienvater mit unverkennbar süddeutschem Zungenschlag, wobei »Odin« ein weiches Doppel-d erhält.

»Watt?«, schnaubt die Dame. »Hodde? Dit is aber kein deutscher Name.«

Ich schlucke. Ich weiß nicht, was ich witziger finde. Dass der Mops Odin heißt oder dass der alten Dame der nordische Gott nicht passt. Der Familienvater wiederholt den Namen immer wieder, aber die Dame ist offenbar schwerhörig. Jetzt fängt Hodde, Entschuldigung, Odin, an, an meinem Bein zu schnüffeln. Ich springe zur Seite und halte meinen Bauch fest, in dem meine Tochter empört strampelt.

»Der tut nix«, sagt das Frauchen.

Ich weiß, die Frau meint das diplomatisch, aber dieser Satz steht in meinen persönlichen Top Drei der nervigsten Sätze aller Zeiten. Neben »Entspann dich, ich pass schon auf« und »Willst du das so anziehen?« – das macht mich einfach aggressiv. Wer nicht blind ist oder Schäfer von Beruf, braucht keinen Hund, finde ich, und fand ich auch schon immer. Mein bester Freund ist ein Mensch. Alle meine besten Freunde. Vielleicht noch Bücher. Und wenn ich ganz romantisch drauf bin, mein Fahrrad. Ich verehre Loriot, aber meiner Meinung nach ist ein Leben ohne Mops nicht nur möglich, sondern glücklich.

Jetzt bin ich hier mitten in der Großstadt, in Berlin, Prenzlauer Berg, und was ist? Ich laufe Slalom. Hier sagt man »Grüß Gott« oder meinetwegen »Tach«, wenn man sich auf der Straße begegnet, aber jedes Zottelvieh bohrt einem ungefragt die Nase in den Schritt. Das finde ich distanzlos und unhöflich. Irgendjemand hat mir erzählt, man bekommt Geldzuschüsse für einen Hund, deswegen haben auf der Straße alle einen. Dürfen die haben. Als Schutz.

Ja. Voll klar. Vor mir ist wahrlich jeder sicher, der so ein Vieh um sich hat. Joggen gehen wird hier zum Hürdenlauf, weil einem andauernd so ein spielfreudiger kleiner Racker entgegenkommt. Und klar, wenn ich renne, dann signalisiere ich dem ja, dass ich ein Wettrennen mit ihm möchte, gell?, da muss er doch einfach an mir hochspringen. Bei diesen Kleinen kann ich ja noch elegant drüberhopsen, obwohl die mir auch ganz schön suspekt sind.

Hab ich erzählt, dass mich der Dackel vom Herrn Hoffmann mal in die Hand gebissen hat, als ich klein war? Der ist einfach ins Haus meiner Oma gewackelt. »Gosch du raus!«, hat sie gerufen, und ich, gerade mal fünf Jahre alt und komplett furchtlos, habe das Tier am Halsband gegriffen, um ihm den Weg zu zeigen. Da hat er sich gewunden, *happs!*, und schon hab ich geblutet. Ich hab schnell losgelassen und meine Hand an den weißen langen Vorhängen im Wohnzimmer – der guten Stube – meiner Oma abgewischt. Schön sah das aus, fand ich. Weiß wie Schnee und rot wie Blut. Fand meine Oma aber nicht. Die hat Herrn Hoffmanns Dackel mit der Fliegenklatsche rausgescheucht und mich ausgeschimpft. So was bleibt einem hängen. Da hat man ein berechtigtes Vorurteil gegenüber diesen kleinen Viechern.

Jetzt bin ich groß, na ja zumindest erwachsen, und nicht mehr ganz so furchtlos den Hunden gegenüber. Die Herrchen oder Frauchen kriegen aber schon was zu hören. Am liebsten sag ich: »Ja, koi Problem, zur Not kann i den ja noch zerdappen.« Hui. Darf man in einer so fröhlichen, lauten, dreckigen Großstadt mit etwas Humor rechnen? Man darf nicht. Wer des Menschen besten Freund ablehnt, der muss ein schlechter Mensch sein. Bisher zumindest hat kein Hundebesitzer mitgelacht.

Und dann gibt's aber auch noch die großen Viecher. Die eigentlich Kälber werden wollten, aber dann versehentlich gebellt haben. Bei denen hab ich Angst, dass sie mich erst umwerfen und dann auffressen. Muss ich mir deshalb im Schritt rumpuhlen lassen? Als Friedensangebot? Und wenn es denen dann einfällt, beißen sie am Ende doch noch zu. Ich möchte es nicht drauf ankommen lassen. Bei uns im Dorf gab es diesen Schäferhund. Auf dem Land gibt es sowieso viele Schäferhunde. Na ja, da gibt es ja immerhin auch Schäfer. Und Hofhunde, deren Kette immer bis knapp an die Straße reichte. Aber dieser, von dem ich gerade rede, lief frei im Hof herum. Wo genau er sich immer aufhielt weiß ich nicht, aber wenn man die Straße runterging und um die Ecke bog, dann warf er sich mit schauerlichem Gebell gegen den Maschendrahtzaun, der Gott sei Dank noch zwischen ihm und mir stand. Der Zaun war schon ganz ausgebeult vom wütenden Dagegenschmeißen, und ich fürchtete jedes Mal, er würde brechen. Mit angehaltenem Atem schlich ich also um die Ecke. Grrrr, wauauaauauauauauauuu. Geifernd. Blutdürstig. Ich glaube, er hieß Arco. So heißen viele Schäferhunde auf der Alb. Früher jedenfalls. Irgendwann war Arco tot. Und ich war froh. Jeder lässt ja etwas zurück nach dem Tod, in Arcos Fall eine Beule im

Zaun. Ansonsten: Ruhe. Und zwar für immer. Ich schlich noch lange Zeit mit angehaltenem Atem um die Straßenecke, aber das Gebell blieb aus. Erst als statt des zerwühlten Bodens dort Tulpen zu sehen waren, begann ich zu begreifen, dass Arco wirklich nicht mehr wiederkommen würde.

Ich hab ihn nie vermisst. Und seine Besitzer brauchten wohl keinen neuen Wachhund. Die Beule reichte als Abschreckung.

Warum, warum in aller Welt haben so viele Menschen hier einen Hund? Ich unterstelle mal, dass man kein wahrer Tierfreund sein kann, wenn man mitten in der Großstadt so ein Geschöpf zu halten versucht. Oder? Also wirklich.

Da erinner ich mich an was. Dunckerstraße, Ende der 1990er Jahre. Als Studentin wohnte ich hier in einer sehr hübschen kleinen Wohnung, wo ich in dem einen Zimmer gelebt habe und im anderen Timo und Franz, wenn sie in Berlin waren. Ich durfte die Küche mit der Laura Ashley-Tapete benutzen und das große Bad mit der Badewanne. Wo sollte da ein Hund wohnen? Über den wäre ich doch immer gestolpert! Und er hätte laut gejault, zu Recht! Und dann hätte er gefiept, weil er sich bewegen möchte, zu Recht. Und ich wäre mit ihm raus auf die Dunckerstraße gegangen und mitten rein in all die Leute, die da rumlaufen. Ist doch unsäglich für einen Hund. Grundsätzlich wollen die nämlich eigentlich ihr Geschäft vergraben, das ist so ein Instinkt. Aber wo wollen sie das denn machen – in der Dunckerstraße? Manchmal sehe ich so ein Tier auf dem Pflaster rumkratzen und habe sogar ein bisschen Mitleid.

Andererseits.

»Hundescheißallee« stand an die Hauswand am Anfang der Straße gesprüht. Als meine Mutter mich besuchen kam, sagte sie gleich: »Na, das ist ja toll. Also dann musst du gut auf mich aufpassen.«

Es ist nämlich so, dass meine Mutter sich gern umsieht. Wenn mein Vater in Baden-Baden gearbeitet hat und sie mitgefahren ist, musste er beim Stadtbummel immer den Gehweg im Auge behalten, um sie um eventuelle Tretminen herumzuführen. Aber das war Baden-Baden! Das ist nicht die schwäbische Alb, klar, aber immer noch Baden-Württemberg. So verschissen wird die Innenstadt da nicht sein, da lehne ich mich wohl nicht zu weit aus dem Fenster, wenn ich sage: Hier ist es schlimmer!

Und mein Vater war nicht mitgefahren. Ha! Das hatte der doch gewusst, oder? Hatte ich am Telefon aus Versehen mal erwähnt, dass es hier so viele Hunde gibt? Jedenfalls war ich jetzt mit der Aufgabe betraut, die Füße meiner Mutter zu bewahren, und zu verhindern, dass sie in die Tretminen latscht.

Da gibt es auch nichts zu lachen!

Das ist quasi eine nicht lösbare Aufgabe!

Meine Mutter hat einen schnellen Schritt, sie ratscht beim Gehen (das bedeutet, sie spricht die ganze Zeit) und sieht sich aufmerksam die Schaufenster an. Und ich bin nebenher gewuselt und hab versucht, den Gehweg zu scannen, um sie um all die Hundehaufen herumzulotsen. Am Ende des Tages setzten wir uns in den Biergarten vom Prater in der Kastanienallee. »Des war jetzt richtig nett«, meinte sie, und ich nickte stolz und erschöpft und warf meinen Rucksack mit der Beute des Tages neben mich. Wir tranken Bier. Als wir aufstanden, zog meine Mutter die Nase kraus. »Hier stinkt's aber. Wie Hundescheiße.«

Wir begutachteten beide unsere Sohlen. Nix.

»Gut aufgepasst hast du.«

Trotzdem stank es weiter. Und der Gestank schien uns zu verfolgen. »Wahrscheinlich ist die Straße schon ganz aufgeladen von den vielen Haufen, daheim ist das weg.« Doch auch, als wir meine Wohnung erreichten, stank es weiter.

»Also, irgendwie bisch des du«, argwöhnte meine Mutter. Und da sehen wir es. Mein Rucksack. Ich habe ihn im Biergarten mitten in einen Haufen geworfen. Die Hunde hatten gewonnen.

Für dieses Mal.

Es lohnt sich nicht, sich drüber aufzuregen.

Viele Jahre später: Ich radle durch den Park nach Hause. Von Weitem sehe ich eine Frau, die mich an meine Mutter erinnert. Gleiches Alter, ähnlicher Kleidungsstil. Aber sie hat zwei kleine Hunde um sich herumwuseln. Ohne Leine. Ich werde langsamer, weiche nach rechts und links aus und rufe dann freundlich: »Weg da, ihr kleinen Tölen.« Dabei nicke ich der Dame zu, zu der die Tiere gehören. Im Weiterfahren höre ich sie irgendetwas rufen. Ich drehe mich um, und da steht diese Frau, die mich im ersten Moment an meine Mutter erinnert hat, und steckt wütend beide Mittelfinger in die Luft. Kopfschüttelnd drehe ich mich um und mache gleich wieder einen Schlenker. Bloß weg.

Als ich das nächste Mal mit meinem Sohn durch den Park gehe und ich »Bah, ein Hundehaufen« rufe, sagt er erstaunt: »Aber Mama, das ist doch kein Hundehaufen. Ein Hundehaufen, das ist, wenn sehr viele Hunde aufeinandersitzen.«

»Aha, das klingt plausibel. Und was ist das da dann?«

»Ein Kackhaufen.«

Am Ende des Parks steht zufällig wieder die Mopsfamilie. Und just in diesem Moment kommt die alte Dame mit dem blauen Haar vorbei. Ich kann nicht anders. Ich halte an. »Wie heißt denn Ihr Hund«, frage ich freundlich. »Odin.« Die alte Dame bleibt stehen und schnaubt: »Hodde? Das ist aber kein deutscher Name.«

Ich habe gestohlen, ich habe gelogen, ich habe die Katze am Schwanz gezogen ...

Jessas. Ich hätt fascht was gschtohla!

Das hämmert mir mein rauschendes Blut gegen die Ohren. Ich war bei DM. Das ist ja so ein sympathischer Laden, der Gründer ist voll sozial und innovativ und zeigt allen, dass man Erfolg haben kann, ohne ein Arsch zu sein. Oder er versteckt es gut. Jedenfalls steh ich auf DM. Bei DM muss man keine Münze in den Einkaufswagen stecken, die vertrauen darauf, dass man ihre Wägen nicht klaut. Würde ich auch nicht! Nicht mal aus Versehen. Und sie haben einen Wickeltisch mit kostenlosen Windeln in verschiedenen Größen, inklusive Popotüchern, ein Schaukelpferd und einen Spieleklops. Und manche sogar eine Kundentoilette mit Honig-Seife.

Außerdem hat DM immer von allem, was man grade gut findet, eine eigene billigere Hausmarkenversion, da jubiliert die sparsame Schwäbin in mir. Und als ich noch meine Glutenallergie hatte, konnte ich hier verständnisvolle Nahrungsmittel finden. Wie schön, dass es auch in Berlin immer mehr davon gibt. Ende der Neunziger war der hier ja noch nicht zu finden, jetzt eröffnet praktisch täglich ein neuer Markt irgendwo. Wir Schwaben kaufen gern in bewährten Läden ein, und DM kennt man aus der Jugend.

Also. Ich mag DM. Und deswegen würde ich da nie was klauen. Echt. Aber jetzt doch. Fast.

Endlich hatte Bruno-Hugo-Luis ein Geschwisterchen bekommen: Wikipedia. Wie im Bilderbuch: Großer Bruder – kleine Schwester. Auch sie legte ich in den roten Kinderwagen, im Winter auf schwäbische Schafsfelle, später auf die selbstgenähte Patchworkdecke von der Oma. Nun waren wir wieder zusammen unterwegs. Wir wollten den großen Bruder von der Kita abholen, dann Eis essen und zum Spielplatz. Ach, dachte ich mir, flitzen wir nochmal schnell zu DM rein, holen ein neues Duschgel und Wickelunterlagen, vielleicht ein paar Dinkelstangen und ein Kokosnusswasser. Das trinken wir beide so gern, Bruno-Hugo-Luis und ich, und es hat viele Elektrolyte. Ja, ich weiß! Aber ein paar Klischees muss man auch bedienen, ich trink das auch mit feiner Ironie, wenn Sie's genau wissen wollen.

Wenn man erstmal drin ist im Laden, dann begegnen einem immer noch ein paar Sachen mehr, die man brauchen kann. Oder viele mehr. Deswegen hat meine Mutter immer einen Einkaufszettel geschrieben, und dann auch nur die Sachen eingekauft, die darauf standen. Das ist schlau. Ich kann das nicht. Dabei schreib ich mir oft Einkaufszettel. Denn sonst vergesse ich garantiert irgendwas. Wenn ich mir einen Einkaufszettel schreibe, vergesse ich nur die Müllbeutel. An die kann ich irgendwie nicht denken, weder spontan noch geplant.

Egal. Wikipedia hatte hervorragende Laune, und wir waren sehr zeitig dran für die Kita, also ließen wir uns treiben. Ich merkte bald, dass ich besser einen Einkaufskorb mitgenommen hätte. Immer mehr schöne Dinge landeten auf dem Kinderwagen und bogen die Abdeckung Richtung Babybauch. Reicht ja auch, dachte ich, nur noch eben an den Kindersachen vorbei. »Ach Mensch, schau mal, so nette kurze Hosen haben die. Da könnte ich welche mitnehmen. Eine kommt in die Tasche mit den Wechselklamotten in der Kita und eine für zu Hause. Grade scheint ja so die Sonne.«

Schließlich kam ich mit einem ziemlich beladenen Kinderwagen an der Kasse an. Jan-Josef Liefers war auf der DM-Zeitschrift, ach, das interessierte mich, also packte ich sie ein. Dann puhlte ich die einzelnen Utensilien von Wikipedias Bauch aufs Laufband. Ui, das ist jetzt doch mehr geworden, dachte ich, und genierte mich vor der Kassiererin ein wenig, keinen Einkaufskorb genommen zu haben. Aber sie lächelte milde, hob den Po kurz vom Stuhl und linste nickend in den Kinderwagen. Ich stopfte meine Errungenschaften in die Tasche. Dadurch, dass ich immer Wechselklamotten und Windeln mit mir rumschleppte, hatte ich auch immer eine Tasche dabei, in der allerhand Einkäufe Platz finden. Voll. »21,80«, sagte die nette Verkäuferin. Ich zückte meine Payback-Karte. Die gibt mir das Gefühl, mit jedem Einkauf Geld anzuhäufen. Wer jetzt lacht, hat noch keine Kinder! Ich tippte mein »Geheimnis« in den Kartenleser, wünschte einen wunderschönen Tag und schob schwungvoll in Richtung Ausgang. Dann sah ich es. Am Griff des Kinderwagens baumeln die Hosen an den Bügeln.

»Himmel«, rief ich, »die hab ich ganz vergessen!« Die nette Kassiererin wurde ganz blass.

»Ach Gott, die hab ich echt übersehen!«

Ich nickte eifrig.

»Ich auch, wirklich.«

»Also so was! Vielen Dank, dass Sie mir das gesagt haben!«

Die Frau sah ganz mitgenommen aus. Ihre Dankbarkeit ließ mich mich noch schlechter fühlen. Mensch! Womöglich wären ihr die Hosen vom Lohn abgezogen worden. Oder wenn es an der Tür gepiepst hätte, hätte der Detektiv gesagt, oho, das hat das Fräulein an der Kasse wohl übersehen, soso! Obwohl, Fräulein sagt keiner mehr, oder? Auch kein Kaufhausdetektiv. Gibt's die noch? Wo gibt's die eigentlich?

Ich bin nur einmal von einem aufgehalten worden, während der Schauspielschule, im Ringcenter am Frankfurter Tor. Da hab ich mir eine Unterhose mit Schlangenmuster gekauft. Nee, es war schon genau das, was ich geschrieben hab, obwohl ich grade versucht war, die Vergangenheit ein wenig zu verklären und einen Slip mit Schlangenprint draus zu machen. Jedenfalls, wie ich da aus der Tür wollte, hält mich mit einem Mal so ein bulliger Typ auf und verlangt, meine Tasche zu sehen. Da hab ich ihm ganz unerschrocken meine Unterhose mit dazugehörigem Kassenbon gezeigt und bin dann weitergegangen. Ich bin nämlich keine gute Diebin.

Das war ich noch nie. Angefangen hat das schon damals beim Schulausflug an den Bodensee. Da standen wir an der Uferpromenade an einem Souvenirstand herum, und Liene hatte mir zwei Spielzeugautos in die Hand gedrückt.

»I muss meim kleine Bruder was mitbringe, vielleicht des oder des, do heb mol, i guck gschwend, was es no gibt.«

Während sie noch wühlte, schrie Anke vom Bootssteg: »He, älle herkomme, es goht weiter!«

Und wir sprinteten los.

An der Sammelstelle fiel mir auf, dass ich immer noch die zwei Matchboxautos in den Händen halte. Mir wurden die Knie weich, und das Blut rauschte in meinen Ohren. Schnell setzte ich mich auf die Parkbank, um die unsere Klasse sich geschart hatte, und legte die beiden Päckchen hinter mir ab. Meine Wangen und Hände brannten regelrecht. Bestimmt kam gleich der Ladenbesitzer angerannt und ließ mich verhaften. Ich betete, dass wir endlich weitergingen, auf ein Schiff stiegen oder sonst was. Schnell stand ich auf und mischte mich möglichst weit weg von der Bank in ein Grüppchen, das Biancas rosa Sonnenbrille bewunderte. Da entdeckten die Jungs die Matchboxautos.

»He, guck mol, was do leit.«

»Boah, sauglatt.«

Sie packten die Autos aus und begannen, damit zu spielen. Unser Lehrer kam dazu.

»Wem g'höret die?«

»Wisset mir it, die send do glega!«

»Liegenlassen! Da kommt bestimmt bald der wieder, der se vergesse hat.«

Er schaute sich suchend um.

»Weiß jemand, wem die Autos gehöret?«

Alle schüttelten den Kopf, auch ich versuchte meinen zu bewegen. Dabei fühlte ich mich wie Lady Macbeth. Konnte es sein, dass niemand schnallt, dass ich die Dinger geklaut hatte? Nicht mal Liene schöpfte Verdacht. Sie sah gar nicht, dass das die Autos waren, die sie fast für ihren kleinen Bruder gekauft hätte. Ich war so froh, als wir endlich auf dieses Schiff stiegen und über den Bodensee fuhren. Dabei hätte ich das Ganze gar nicht schlimm gefunden, wenn es jemand anderem passiert wär.

»Komm, war doch koi Absicht. Schade, dass du's net b'halte hasch, wenn du schon so genial g'stohle hasch!«

Aber für mich war das schlimm. Vielleicht, weil ich nicht katholisch bin. Die Katholen gehen irgendwie großzügiger mit ihren Verfehlungen um, die müssen sogar Fehler machen, weil sie ja jeden Sonntag was beichten müssen. Dafür muss ein Beichtzettel geschrieben werden, auf den man seine Sünden drauf schreibt. Die liest man dann dem Pfarrer vor, und der gibt einem dann eine Aufgabe: Soundso viele Gebete am Rosenkranz. Dann ist es so, als hätte man das nie gemacht. Schlimme Tat – weg. Das ist schon toll. Und den Zettel darf man danach in der Küche in den Herd stecken. Sünden quasi verbrannt. Aber dafür musst du natürlich auch jede Woche was anstellen. Weil, was willst du sonst beichten? Dafür gibt es einen Standardspruch. Wenn einem nix einfällt, kann man immer noch sagen: »Ich habe gestohlen, ich habe gelogen, ich habe die Katze am Schwanz gezogen.«

Da ich das nicht hatte, blieben meine Sünden natürlich immer an mir haften. Deswegen wollte ich nicht so viele begehen. Zumindest als Kind. Ab der Pubertät kommt dann eine Zeit, wo man möglichst viele begehen möchte – ohne sie zu beichten.

Tja, und dann ist man irgendwann erwachsen und weiß, welche Sünden einem liegen und welche nicht.

Bei mir war das anders. Als ich mit 20 Jahren nach Berlin kam, war ich arm wie eine Kirchenmaus, aber absichtlich gestohlen hatte ich noch nichts. Meine Mitbewohnerin hatte auch Ebbe in der Kasse. Wir aßen meistens Nudeln mit Rahmspinat, das hat Vitamine und ist billig. Aber plötzlich fiel mir auf, dass sie andauernd neue Sachen hatte: Klamotten, Schuhe, richtig gutes Zeug.

»Mann, wo hast du das denn her?«, fragte ich neidisch, und schaute sie verwandt an.

Sie zuckte mit den Schultern.

»Gezockt. Ist ganz leicht.«

Mein Herz schlug schneller.

»Echt? Zeigst du mir, wie?«

Sie zeigte es mir.

Ich habe es einmal probiert. Schweißnass stand ich zwei Stunden in der Umkleidekabine von H&M, mit diversen Hosen und einem Trenchcoat. Den Mantel wollte ich gerne haben. Mit der mitgebrachten Nagelschere schnitt ich nach einer Stunde Zauderns endlich den Pieper vom Mantel und steckte ihn bei einer der Hosen in die Tasche. Nach einer weiteren Stunde, in der ich die Hosen weghängte, dann den Mantel auch weghängte, und dann den Mantel wieder herholte und so weiter, verließ ich den Laden mit einem neuen Trenchcoat, der ein kleines rundes Loch unter dem Gürtel hatte. Mein Herz hämmerte so laut, dass ich sicher war, jeder Detektiv würde es hören: Gestohlen, gestohlen! Ich habe den Mantel lange getragen. Und stolz erzählt, dass ich ihn »gezockt« habe. Aber ich hab es nie wieder getan. Nicht mit Absicht.

Aber ehrlich gesagt – jetzt mit Kinderwagen tun sich einem ja ganz neue Möglichkeiten auf. Versonnen nippe ich an meinem

Kokosnusswasser. Als hätte Wikipedia meine Gedanken gelesen, fängt sie plötzlich an zu glucksen. Ich beuge mich zu ihr und seh, worauf sie so begeistert herumkaut: ein paar grüne Babyschuhe.

»Mädle, du fängsch ja früh an«, murmle ich.

Und dann muss ich lachen.

Die Hermeneutik der Zugehörigkeit

»Wem g'haisch du?«

Das bedeutet »Wem gehörst du?«, und das wurde man als kleines Kind immer gefragt, wenn jemand wissen wollte, wer deine Eltern sind.

Heute war ich beim RBB, dem Berliner Rundfunk, und habe dort über »Heimat« gesprochen. Plötzlich fehlte mir ein Wort.

»Wie ist den die Mehrzahl von ›Heimat‹?«, fragte ich den Moderator.

»Hmm, gibt es nicht, denke ich. Es gibt nur eine Heimat.«

»Aber ich hab zwei.«

Jetzt überlege ich, wie ich »Heimat« definieren würde. Und ich komme wirklich auf mehrere »Heimate«: Ein Ort oder eine Gegend, die dich geprägt hat. Vermutlich, wo du aufgewachsen bist. Mir fallen dazu die Wacholderheiden ein, die Täler, die Lauter, die Burgen. Eine Landschaft, ein bisschen wie die Toskana, nur rauer. Wenn ich dort bin, atme ich ein bisschen tiefer ein als sonst und werde schon dadurch ruhiger.

Und wenn ich dann wieder nach Berlin komme, und ich sehe die Kugel des Fernsehturms in der Abendsonne, während ich durch die Straßen radle, auch dann geht mir das Herz auf, und ich atme tief ein.

Eine Sprache, die dir vertraut ist – natürlich auch wieder die, mit der du aufgewachsen bis. Also ... Schwäbisch? Schon. Es fällt mir schwer, von bestimmten Begriffen zu lassen. Ich musste als Kind immer ein »Kittele« anziehen. Ein Kittel ist eine Jacke. Das geht von der Strickjacke übers Jackett bis zum Winterparka. Und wenn ich auf die Alb fahre, muss ich immer bedenken, dass es da »einen Kittel kälter isch« als überall sonst. Wenn ich also meine Kinder anziehe, kommt es mir nicht über die Lippen, ein »Jäckchen«, einen »Anorak« oder eine »Weste« zu empfehlen. Ich sage: »Zieh dein Kittele an!«

Und dann eine soziale Zugehörigkeit, ein Gefühl, von Menschen umgeben zu sein, die ähnlich denken und fühlen, gleiche Werte haben wie ich. Das ist natürlich zunächst auch dort, wo du aufwächst. Deine Familie, Nachbarn, Lehrer, das Naturtheater, Tonis Schafe und Gerdas Hühner.

Diese ursprüngliche Heimat prägt dich in deiner Kindheit und vermittelt Halt, Ordnung und Geborgenheit. Irgendwann wird genau dieses Vertraute aber zur Enge und Beschränkung – und dann macht man sich auf in die Welt, die einen weit weg, zum Beispiel nach Reutlingen, die anderen noch weiter, vielleicht auf Montage nach China oder Brasilien. Ich kam nach Berlin. Dort bin ich jetzt auch schon mein halbes Leben und habe in der Zeit außerhalb meiner schwäbischen Heimat einiges Neues ausprobieren können, um herauszufinden, was wirklich zu mir passt. Ich habe Menschen getroffen, von denen einige »Heimat« geworden sind, obwohl sie aus ganz unterschiedlichen Gegenden kommen, aus unterschiedlichen Ländern, mit unterschiedlichen Heimaten.

In diesen Zeiten, in denen so viele Menschen aus ihrer Heimat fliehen müssen und auch hier in Deutschland ankommen, finde ich es tröstlich, dass ein anderer Ort zur Heimat werden kann. Auf dem Weg zur Rundfunkanstalt erzählte mir der Taxifahrer, dass er seit 44 Jahren in Berlin lebe und nirgendwo anders leben möchte.

»Seit 44 Jahren immer in derselben Wohnung, das ist mein Zuhause, zwei Straßen weiter fühle ich mich schon fremd.« Erstaunlich.

Ich begebe mich in Gedanken auf eine spiralförmige Reise. Start:

- Auf der Schwäbischen Alb: »Wem ghaisch du?« – Familie Schleker.
- Innerhalb von Württemberg: Woher kommsch du? Von der Alb ra? Haha, was sind die drei schlimmsten Krankheiten? Cholera, Lepra, *Alb ra!*
- In Baden-Württemberg: Was bisch du? Schwab oder Badenser? Ha, gwieß koin Gelbfüßler.
- In Berlin: Wo kommste her? Baden-Württemberg? Ist det München? Nee, aber auch da im Süden, wa? Unterhalb vom Weißwurstäquator jedenfalls.
- In Spanien: Aus welchem Land kommst du? Ah, Deutschland. Pünktlich, hehe!
- In Amerika: Wo kommst du her? Europa! Oh, das liebe ich, so viel Kultur!
- Auf der Milchstraße: Was bist du? Mensch? Ah, Erde! Hübsch! Leider kaputt jetzt, so schade, ich wollte da auch immer mal hin.

Mensch – Europäer – Deutscher – Schwabe.

Je weiter man weggeht, umso näher ist man sich als Mensch, und je näher man hingeht, umso genauer differenziert man sich vom anderen.

Als ich mal in Amerika im Schulaustausch war, musste ich an Iphigenie auf Tauris denken – Goethe lässt sie sagen:

»Und an dem Ufer sitz ich lange Tage, das Land der Griechen mit der Seele suchend, und es gewöhnt sich nicht mein Geist hierher.«

Genauso ging es mir manchmal auch.

Es gibt so Tage, da fühl ich mich sehr schwäbisch. Da denk ich »Liebs Herrgöttle von Biberach, schmeiß Hirn ra!« wenn ich die Mülltonnen im Hof sehe. Ein Teil von mir will dann den ganzen Tag daneben stehen bleiben und jedem auf die Finger hauen, der mit seinen Tüten runterkommt.

»Was isch da drin? Wie alles, Plastik, Papier, Gemüse? So eine Granatensauerei, jetzt läsen mir des mal schön auseinander, gell! Dann passt au mehr nei in die Tonne!«

Es gibt Tage, da bin ich eine Prenzlmutti, und andere, da bin ich Chaotin, an manchen sogar beides gleichzeitig. Das widerspricht sich nicht. In Berlin durfte ich immer alles sein, Berlin hat mich einfach so genommen, wie ich grade war. Wir haben uns ordentlich aneinander gerieben, aber Reibung erzeugt ja auch Wärme. Wenn ich dann »nach Hause« auf die Alb gefahren bin, schlüpfte ich ganz automatisch wieder in die alte Bärbel. Die passte aber nicht mehr so richtig. Auch an »zu Hause« hab ich mich gerieben. Beide Heimate hab ich lieb.

In Berlin habe ich alle möglichen Leute kennengelernt, auf der Schauspielschule waren Leute aus allen Bundesländern. Und alle übten Bühnenhochdeutsch. Auch ich. Ich hab nie nach Landsleuten gesucht, sondern mehr nach Seelenverwandten.

Aber scheinbar sind auch die Seelen geprägt, oder warum heißt es sonst: Schwaben am Prenzlauer Berg, Russen am Ku'damm, Spanier in Kreuzberg. Angeblich rottet sich immer ein Haufen an Leuten zusammen, die irgendwie zueinandergehören. Als ich nach Berlin kam und meine Wohnung in der Dunckerstraße im Prenzlauer Berg bezog, hörte ich im Radio folgenden Witz: »Welches ist der kränkeste Volksstamm in Berlin? Ha, die Schwaben im Prenzlauer Berg, die holen sich immer Kohle ra!« Jetzt gibt's es kaum noch Kohleöfen dort, und die Schwaben, denen ich begegne, sind alle gesund.

BRAUCHT MEHR FANTASIE

Die Wandmalerei

Heute besuche ich meine Freundin Nina. Nina hat einen dreijährigen Sohn, also ist es sonnenklar, dass bei unseren Verabredungen die Kinder dabei sind. Wir treffen uns bei ihr zum Kaffee, also bring ich den Kuchen mit. Ihr Friedrich-Anthony hat scheinbar ganz viele Unverträglichkeiten, also backe ich einen veganen Reismehl-Backpflaumen-Haferflocken-Gateau mit Sojamilch aus dem Rezepteblog von »Leckerohnealles«. Er sieht ganz okay aus.

Ich packe Wikipedia, Bruno-Hugo-Luis und den Kuchen und strample mit dem Kastenfahrrad los.

Bei Nina ist es schön. Es sieht aus wie in einem Prospekt für »Heimeligkeit«. Alles ist an seinem Platz und sieht dabei auch noch dekorativ aus. Zusätzlich stehen kleine Vasen mit einzelnen Blümchen ganz zauberhaft in einem Lichtklecks auf Fensterbank, Tisch oder Regal. Wir fallen ein und bringen gleich das Chaos mit. Die Tüte, in der die Kuchenplatte verpackt war, knüllt sich auf der Ablage, Bruno-Hugo-Luis wirft seine Jacke ab und wühlt in meiner Tasche nach dem Flugzeug. Wikipedia hat sofort die Hose voll, ich wühle das Wickelzeug heraus und mache aus dem Sofa einen provisorischen Wickeltisch.

Dann setze ich die Kleine zu den Jungs auf den Boden.

»Seid ihr auch schön lieb zur Wikipedia, gell? Und passt auf, dass sie keine kleinen Sachen in die Finger kriegt.«

Bruno-Hugo-Luis nickt. Er kennt das schon. Aber Friedrich-Anthony hat keine Lust auf Babys. Er will puzzeln. Das findet

Wiki natürlich hochinteressant, und sie versucht, sich so viele Teile wie möglich in den Mund zu stecken.

»Babygefahr!«, rufen die Jungs, »Babygefahr!«

Nina schaut erschreckt von der Kaffeemaschine auf. Ich beruhige sie.

»Da isch alles in Ordnung, die kommet schon klar miteinander. Jetzt machen wir es uns mal gemütlich, oder?«

Wir lassen uns am Holztisch in der Wohnküche nieder. Mein Reismehl-Backpflaumen-Haferflocken-Gâteau ist während der Reise ein bisschen auseinandergefallen, aber Nina ignoriert das großzügig.

»Der sieht aber lecker aus! Friedrich-Anthony, magst du auch ein Stück von dem leckeren Kuchen?«

Ein dunkler Lockenkopf erscheint in der Tür. Friedrich-Anthony wirft einen Blick auf mein Kunstwerk und zieht die Nase kraus.

»Neee, lieber Schokolade. Dürfen wir Schokolade, Mama?«

»Dürfen wir Schokolade *haben*, heißt das«, berichtigt Nina. »Oder: Dürfen wir Schokolade *essen*?«

»Dürfen wir?«, beharrt der Junge.

»Nein.«

Friedrich-Anthony wirft sich theatralisch zu Boden und heult auf.

»Ohhhooohoo, nie dürfen wir was! Du blöde Mama!«

Ich kenne solche Szenen und bin beruhigt, dass sie auch anderswo stattfinden.

»Bruno-Hugo-Luis, magst du ein Stück Kuchen?«, frage ich probehalber.

Keine Antwort.

»Bruno-Hugo-Luis? Kuchen?«, rufe ich lauter Richtung Wohnzimmer.

»Nahein! Der schmeckt nicht«, brummt es zurück.

Ich beschließe, das witzig zu finden, und meine munter: »Na, dann bleibt wenigstens mehr für uns.«

Nina nickt bemüht fröhlich.

Friedrich-Anthony verzieht sich brummelnd zu den anderen, und wir schaufeln uns den bröckelnden Kuchen auf die Teller. Er schmeckt … gesund. Ballaststoffreich und verdauungsfördernd. Zusammen mit dem Soja-Latte ist es beruhigend lecker. Auch Nina nickt wohlwollend. Die Kinder haben sich abgeregt, aus dem Wohnzimmer hören wir Kichern.

»Ach ja«, seufzt Nina. »Kinder sind schon eine Herausforderung. Eine unglaubliche Bereicherung, aber man ist eben auch immer gefordert, gell?«

Ich nicke zustimmend.

»Und das wird ja immer mehr, je älter sie werden. Zuerst musst du ja nur zum Pekip, aber später …«

»Hast du nur Pekip mit den Kleinen gemacht?«, fragt Nina erstaunt. »Aber du weißt schon, dass die da auch Baby-Yoga und chinesische Klangschalen anbieten? Das hat Friedrich-Anthony sehr gut gefallen. Tony, zeig doch mal, wie der Fisch geht.«

Friedrich-Anthony stürmt herein und legt sich vor uns auf den Boden. Er schiebt seine kleinen Hände unter den Popo und biegt den Rücken durch. Ich applaudiere beeindruckt. Stolz rappelt er sich auf.

»Darf ich dafür jetzt Schokolade?«, fragt er.

»Nein.«

Erneutes Geheul. Nina zieht das zappelnde Kind auf ihren Schoß und erklärt ihm, dass zu viel Zucker gar nicht gesund sei für kleine Kinder.

»Ja, denn dann kommen Karius und Baktus«, stimmt Friedrich-Anthony zu. »Dürfen wir Karius und Baktus auf dem iPad?«

»Anschauen«, ergänzt Nina. »Nein, jetzt nicht. Jetzt spielt ihr schön zusammen. Oder du probierst mal den leckeren Kuchen hier.«

Friedrich-Anthony bohrt mit den Fingern in ihr Kuchenstück und steckt sich einen Haferflocken-Streusel in den Mund.

»Ihh, der schmeckt nicht«, mault er und rutscht von Ninas Schoß.

Wikipedia kommt hereingekrabbelt. Ich nehme sie auf den Schoß und stecke ihr ein Stückchen Kuchen in den Mund. Sie spuckt es aus. Nina lächelt und reicht mir eine Serviette. Aus dem Wohnzimmer tönt lautes »Tatütata«, offensichtlich spielen die Jungs Feuerwehr. Ich lehne mich zurück und kitzle Wikipedia an den Füßchen. Wie schön, dass der Trubel heute nicht in meiner Wohnung stattfindet. Nina kaut tapfer auf ihrem Kuchenstück herum und spült mit dem Soja-Latte nach.

Im Wohnzimmer rummst es.

Wir heben uns beide halb aus den Stühlen und lauschen. Aber es folgt kein Geheul. Also lassen wir uns wieder sinken. Nina legt mir ein neues Stück Kuchen auf den Teller, und ich ärgere mich, dass ich das erste Stück ganz aufgegessen habe. Jetzt muss ich mir noch eins reinwürgen. Aber auch Nina nimmt sich nach. Offenbar schmeckt ihr das Zeug wirklich.

»Ist das schön, wenn die Kinder spielen. Dann kann man sich mal entspannen«, lächelt sie. »Es ist ja auch wichtig, dass sie selber im Spiel Sachen entdecken und sich ganz frei entfalten können. Deswegen ist es gut, wenn man sie einfach auch mal allein lässt.«

Mir ist das recht. Es ist ja nicht meine Wohnung. Zu Hause bei mir schaue ich regelmäßig nach, gerade, wenn es still wird. Wer weiß, was sie dann gerade entdecken? Wie viel Klopapier in die Kloschüssel reinpasst beispielsweise. Oder wie hoch man an den Regalen hochklettern kann. Oder was man aus seiner Bettdecke Schönes basteln kann mit Schere und Klebstift. Ja, Kinder sind phantasievoll und entdeckerfreudig.

Wikipedia wird unruhig. Ich bringe sie nach nebenan und setze sie zu ihren Stapelbechern. Die Jungs sind nicht zu sehen. Über dem Couchtisch liegt eine beige Wolldecke, und darunter kichert es.

»Na, habt ihr euch eine Höhle gebaut?«, frage ich.

Bruno-Hugo-Luis steckt den Kopf heraus.

»Nein«, sagt er und grinst. »Das ist ein Indianerzelt.«

»Na dann noch viel Spaß. Und macht keinen Quatsch.«

Wikipedia haut fröhlich die Becher aneinander, als ich zurück in die Küche gehe. Ach, sind die süß, die Kinder, denke ich und habe ein schlechtes Gewissen wegen meiner Bedenken vorhin. Natürlich können die auch ganz ruhig spielen, ohne dass dabei irgendwas kaputtgeht.

Nina erzählt mir von ihren neuen Kursen. Ich lausche beeindruckt und ein bisschen neidisch. Nina arbeitet als freie Cutterin und hat momentan nicht so viel zu tun. Was sie nicht schwernimmt, denn ihr Mann verdient gerade ganz gut, und sie probiert sich aus. »Serviettentechnik« ist ihr neuestes Hobby. Die Kräutertöpfe auf der Fensterbank hat sie damit verschönert, und jetzt beklebt sie Marmeladengläser, die sie zu Weihnachten als Teelichthalter verschenken will. Ich lobe ausführlich ihre Kreativität und bekomme zum Dank ein Marmeladenglas mit zarten Elfen und Veilchen geschenkt, das ich jetzt nicht mehr ablehnen kann. Na ja, womöglich fällt das ja zuhause aus Versehen runter, denke ich.

»Also, dein Kuchen ist wirklich lecker«, lobt mich Nina und nimmt sich tatsächlich noch ein Stück. »Aber die Kinder müssen doch so langsam auch mal Hunger haben, oder? Wollen wir die nicht nochmal fragen?«

»Mögt ihr Kuchen, Kinder?«, rufe ich rüber.

Keine Antwort. Nicht mal Kichern. Mir wird etwas mulmig. Nina zieht fragend eine Augenbraue hoch und schleicht zur Wohnzimmertür. Ein markerschütternder Schrei lässt mich so zusammenfahren, dass ich mein Soja-Latte-Glas auf den Kuchenteller fallen lasse. Der ist nun zersprungen, und die Reste des Backpflaumenglücks schwimmen in brauner Soße. Schnell lasse ich meine Serviette darauf fallen, die ohnehin für keine andere Technik mehr zu gebrauchen wäre, und sprinte hinter Nina her.

Das Bild, das sich mir bietet, strahlt Zufriedenheit aus.

Die Kinder haben entdeckt und entfaltet. Nämlich Ninas Schminkkoffer. Friedrich-Anthony und Bruno-Hugo-Luis stehen einträchtig nebeneinander auf der hellen Couch und vervollständigen gerade ein großes Wandgemälde aus Lippenstift und

Kajal. Wikipedia sitzt neben der Couch und kaut hingebungsvoll auf einem Schminkpinsel herum, die Wangen voller Glitzerlidschatten. Nina steht stocksteif neben mir.

»Wow«, sage ich schließlich. »Das sieht aber toll aus. Bruno-Hugo-Luis, wir müssen jetzt aber los. Wäschst du dir bitte die Hände und ziehst dich an?«

Zufrieden vervollständigt mein Sohn eine pinke Sonne und klettert folgsam vom Sofa. Nina sammelt derweil wie versteinert ihre Schminkutensilien ein. Ich putze meine Kinder ab, ziehe sie an und packe die Wickeltasche wieder ein. Das Marmeladenglas vergesse ich auf dem Tisch.

»Kreativ, die Kinder«, sage ich aufmunternd zu Nina. »Das hat der Friedrich-Anthony sicher von dir. Toll, dass du da so tolerant damit umgehst.«

Nina nickt fassungslos. Ich drücke ihr ein Küsschen auf die Wange.

»Den Kuchen lass ich dir da, die Form nehme ich einfach beim nächsten Mal wieder mit.«

Da findet Nina ihre Sprache wieder. Ein leises Lächeln erreicht ihre Mundwinkel.

»Nächstes Mal kommen wir dann zu euch.«

Ich zucke zusammen. Dann nicke ich geschlagen.

Im Treppenhaus knie ich mich hin und sehe meinem Sohn tief in die Augen.

»Bruno-Hugo-Luis, wenn du so was bei uns zu Hause machst, dann …«

Im Geiste höre ich meine Oma: »Dann holt dich der Teufel grammweis!«

Bruno-Hugo-Luis scheint sie auch gehört zu haben. Er lächelt mich an und sagt: »Mach ich nicht, Mama. Aber dann wollen wir auch Schokolade.«

Die Warze

»Ja, wega mir. Oder noi, des net, packet Se's weg. Aber des Läusemittel nemm i scho mal mit. Und dann brauch ich ebbes gege Warza. Aber was au hilft!«

Fröhlich und schwungvoll hatte ich meinen roten Kinderwagen mit Wikipedia drin in die Apotheke gelenkt, um eine Augenklappe zu kaufen. Bruno-Hugo-Luis wünscht sich eine, um ein echter Pirat zu sein. Den Jolly Roger muss ich dann draufmalen, mit weißer Farbe. Da knallt mir dieser harsche schwäbische Akzent entgegen.

Schwäbisch kann ja so unterschiedlich klingen: niedlich, etwas einfältig, gemütlich oder herrisch.

Die Apothekenschwäbin trägt eine mintgrüne Sieben-Achtel-Hose und passende Ballerinas. Die Übergangsjacke sieht teuer und hässlich aus, und um den Hals hat sie ein buntes Tuch geschlungen. Sie ist nicht mehr ganz jung, vielleicht Mitte vierzig, ihre braunen Haare sind von weißen Strähnen durchzogen, eine Gucci-Sonnenbrille steckt wie ein Haarreif darin. Am Arm baumelt ein teurer Ledershopper, und ich beschließe, ihn schön zu finden, um hier überhaupt mal ein paar positive Gefühle zu entwickeln.

Die Apothekerin hinter dem Tresen ist ein junges Mädchen, das ich hier noch nie gesehen habe, wahrscheinlich neu. Klein und blass steht sie neben den Hustenbonbons, wie ein Mäuschen. Ihre Augen werden durch eine runde Brille vergrößert, so dass sie einen erschrockenen und erstaunten Ausdruck haben. Zaghaft hält sie eine Packung hoch.

»Ich will des Dingensül!«

Die Apothekerin zuckt zusammen.

»Das hab ich nicht da, aber das hier ist auch sehr gut. Man muss nur etwas Geduld haben.«

Ich muss an mein schwäbisches Dorf denken. Dort gab es verschiedene Heilmittel gegen Warzen, eins grusliger als das andere. Drüberpinkeln war noch harmlos. Aber die Sache mit der Beerdigung war schön schauerlich. Man musste in einen Faden so viele Knoten machen, wie man Warzen hatte, und diesen Faden dann bei der Beerdigung ins Grab werfen und dabei murmeln: »Warze, folg der Seele.« Oder so ähnlich.

Diese Frau, diese Apothekenschwäbin kennt diesen Brauch bestimmt, die hat ihre Warzen früher immer so vertrieben, da bin ich sicher – und jetzt in Berlin fehlen ihr die offenen Gräber. Ob man auch Baustellen nehmen könnte? Davon gibt es hier ja immer reichlich.

»Warze, folg dem Glasfaserkabel …« Ich würde sie zu gern darauf ansprechen. Womöglich hat sie es schon ausprobiert. Aber ich trau mich nicht. Und ich will mich nicht als Mit-Schwäbin zu erkennen geben. Womöglich holt die kleine Mäuse-Azubine dann eine Knarre unter dem Tresen hervor. Ob die wohl Berlinerin ist? Also eine echte? Was hieße das überhaupt? Hier geboren zu sein, oder. Dann sind meine Kinder auch Berliner. Oder sind sie Halbschwaben? Moment, meine Mutter kommt aus München und deren Eltern aus dem »Osten«, also … schwierig.

»Hmmm«, macht die Halstuchschwäbin.

Es klingt wie ein bedrohliches Knurren. Die Azubine kneift die Mäuseäuglein zusammen.

»Wie lang?«, bellt die Schwäbin.

»So ungefähr drei Wochen«, piepst die Apothekerin.

Wikipedia fängt im Kinderwagen leise zu quietschen an. Stillstehen findet sie langweilig. Ich ruckle am Kinderwagen und brumme ihr ein bisschen vor – aber leise, um das Warzengespräch nicht zu stören. Trotzdem streift mich ein missbilligender Blick der Schwäbin. Sie runzelt die Stirn, während sie mich mustert. Ich übe tapfer Indianerblick und überlege, ob ich allein durch mein Hiersein etwas falsch gemacht haben könnte. Hätte ich doch meine Jack-Wolfskin-Jacke angezogen, das geheime Zeichen der Zusammengehörigkeit im Prenzlauer Berg. Fürs Überleben im wilden Osten, haha.

Kurz durchzuckt mich der Gedanke, sie nach den Warzenknoten zu fragen. Womöglich könnte man da ein Riesengeschäft machen mit all den alternativen Prenzlmüttern. Wenn man Bescheid weiß über die anstehenden Beerdigungen, kann man alle Warzen der Umgebung einsammeln und einen Strauß Bindfäden an die Grabrose binden. Aber wie viele Warzen kann eine Seele wohl mitnehmen? Ist ja auch nicht schön, wenn man mit so einem Gepäck in der Ewigkeit ankommt. Da hat man als Berliner Seele dann gleich seinen Ruf weg.

»Ihh, da kommt wieder so eine mit Warzen.«

Vorurteile überall. Und auch ich bin natürlich nicht frei davon. Da steht eine Schwäbin in der Apotheke, und ich glaube, sie genau zu durchschauen. Es ist ein bisschen so, wie wenn man im Urlaub auf Deutsche trifft. Man möchte irgendwie nicht dazugehören, ist peinlich berührt und merkt gleichzeitig, dass man leider genauso ist. Ein ähnliches »Ertappt sein« stellt sich ein, wenn ich anderen Schwaben begegne. Der Oberbegriff stimmt schon irgendwie, aber als Einzelner sind wir alle ganz anders. Als ich nach Berlin gezogen bin, habe ich immer gelogen, wenn mich jemand gefragt hat, woher ich komme. Und da ich Englisch-Leistungskurs hatte und mir darin sehr gut vorkam, hab ich mich meistens als Amerikanerin verkleidet. Damit wäre ich heute wohl auch ganz schön schnell enttarnt.

Die Apothekenschwäbin mustert mich immer noch, und mein Brummen wird leiser.

»Die Warzen sind, also mei Sohn, der hat die dahanna«, sagt sie schließlich laut und zeigt auf ihr Handgelenk. »Und oine am Fuß.«

Eine kleine Zuneigungswelle durchströmt mich, und ich möchte am liebsten sagen: »Sie, ich hätt eh net vermutet, dass Sie die Warz hend. Des sind doch immer die Kinder, gell? Aber womöglich will er bloß net beim Schwimme mitmache.«

Die Schwäbin nimmt dem Mäuslein die Packung aus der Hand und dreht sie hin und her.

»So, drei Wocha, mhmm.«

Die kleine Mäuseapothekerin wird jetzt richtig leidenschaftlich.

»Also, das ist wirklich gut, ich hab das selber auch schon genommen.«

Unter dem strengen Blick der Halstuchschwäbin beginnt sie eine lange Geschichte über das langsame Absterben der Warze. Langsam werde ich ungeduldig. Diese alternativen Muttis im Prenzlauer Berg, echt! Läuse, ist ja klar, das scheint ja schick zu sein. Jetzt auch noch Warzen. Und wahrscheilich hatte der Knabe auch noch sämtliche Pocken, die man seit Jahren ausgerottet glaubte und die nun im Prenzlauer Berg wieder aufblühen. Wehe, wenn hier die Masern herumfliegen! Ich schnaube vor Wut.

»Bitte?«, fragt die kleine Mäuse-Frau, ihre Augen so groß wie Teetassen.

Ich will rufen: »Gehen Sie impfen, waschen Sie Ihr Läusekind und kaufen Sie endlich diesen Warzen-Scheiß!« Aber ich kann nicht. Ich will nicht so sein wie die harsche Warzen-Schwäbin, sondern sanft und geduldig.

»Nüscht«, murmle ich. »Ick komm später wieder.«

Landesvertretung – Community

»Ja hoi! 's Bärbele! Ja, des isch ja nett!«
»Ahhh, grüß Gott! Ja, wirklich nett!«
»Au do?«
Das ist eine schwäbische Aussage, die nicht wirklich als Frage gemeint ist.
»Ja, sieht so aus, gell. Und Sie?«
Meine Antwort ist jetzt eher saublöd. Aber die Herzlichkeit der Dame mir gegenüber bleibt ungebrochen.
»Ja, wieder mal. Es isch immer so nett hier, gell? Und des gute Esse! Also, da freu ich mich 's ganze Jahr über drauf!«
»Ach, wie schön! Ja, dann lasset Sie 's sich schmecken!«
»Hab ich schon. So gut, sag ich Ihnen! Die Linsen hab ich schon probiert, jetzt hol ich mir noch a Fleisch, gell? Und Grüßle an da Vatter ond die Mama!«
Ich nicke noch einmal verbindlich und zupfe meinen Bruder weiter.
»Wer war das?«, raunt er.
»Keine Ahnung«, gebe ich zu. »Eine Schwäbin halt.«

Berlin 2015. Ich bin eingeladen. In der Landesvertretung Baden-Württemberg. Zum Linsen- und Spätzle-Essen. Weil ich Schwäbin bin. Das wissen die natürlich jetzt. Weil die Prenzlschwäbin in der Zeitung stand. Ich freu mich. Da gibt es sicher das beste schwäbische Essen seit Langem. Also komme ich pünktlich und hungrig. Und bin erstaunt. Wir sind mitnichten die Ersten. Alle Tische sind schon besetzt, allüberall wird schon geschmatzt und geschlürft. Ja, wird denn nicht erst eine Rede gehalten und dann das Büfett eröffnet oder so? Was bin ich verdorben von 18 Jahren Berlin! Das ist selbstverständlich nur »gscheit«, früh kommen, erstmal was essen, dann kann man in Ruhe schwätzen und dabei wieder Hunger kriegen und kurz vorm Heimgehen eine zweite Runde essen. Hervorragend. Die Eingangsschwäbin hatte ganz Recht. Ich muss zugeben, am liebsten würde ich es genauso machen. Aber ehe ich mich auf die Spätzle stürzen kann, hat man mich schon entdeckt. Verflixte Prominenz. Jetzt werden erst einmal Hände geschüttelt.

»Oh, jetzt kommt die Rede vom Minischter.«

Wir werden vor die Bühne geschoben, vorbei an den Tischen mit den silbernen Warmhalteschalen, aus denen verlockende Düfte steigen und vor denen sich die Leute mit Tellern drängeln.

Der Herr Minister redet. Ich stehe vorne. Und mache ein interessiertes Gesicht. Dieser Geruch!

»Es gibt Wildschwein«, raunt mein Bruder mir zu.

Ich unterdrücke den Impuls, sofort in Richtung Büfett zu sprinten. Stattdessen nicke ich und klatsche begeistert und dankbar. Die Rede ist um.

»Komm, jetzt holen wir uns was zu essen.«

Ich drehe mich um und renne in den Herrn ... Dingsbums rein, wie hieß der noch gleich? Kommt auch ganz aus der Nähe von ... was nochmal? Ich nicke freundlich.

»Ach wie nett, hend Sie's au geschafft?!«

»Ja, danke für die Einladung. Es riecht ja saumäßig gut hier!« Ich deute in Richtung Essensausgabe.

»Ja, wir haben uns net lumpen lassen, gell? Hend Sie schon das Wildschwein ...? Oha, pscht, jetzt spricht noch der Herr Landrat.«

Ich werde herumgedreht, so dass ich die Bühne wieder sehen kann, die ein weiterer Schwabe erklommen hat.

Und noch eine Rede.

Ich seufze. Warum muss ich denn jetzt hier stehen? Der Essensduft umwabert mein Gehirn. Ich höre einzelne Worte der Rede, sie formen sich in meinem Kopf zu: »Spätzle mit Soß, Linsen, Wildschwein ...«

Was ist, wenn alles aufgegessen ist, bis diese Reden ein Ende haben? Schließlich schmatzt und schlürft es immer noch in allen Ecken. Boah, diese Schwaben, echt! Unmöglich, wie die sich hier benehmen! Barbaren. Denken nur ans Fressen, jaja!

Mein Bruder knufft mich in die Seite.

»Aus.«

»Was? Gibt's nix mehr?«

»Die Rede ist aus, los jetzt. Ich hab Hunger.«

Entschlossen bahnen wir uns in Richtung der Theke.

»Frau Stolz, Herr Schleker!«

Ich zerre an meinem Bruder und zische: »Wir haben nix gehört, weiter.«

Aber Zurückhaltung liegt den Schwaben nicht. Jemand packt mich an der Schulter. Ich beiße die Zähne zusammen und blecke sie dann zu einem Grinsen.

»Ja, grüß Gott.«

»Könnten wir gschwind ein Foto machen? Da vor der Bühne?«

Nein! Ich bin gerade mal drei Meter von dieser Scheißbühne weggekommen und werde jetzt wieder zurückgeschleppt.

Statt des Redepults hat sich jetzt eine Blaskapelle aufgebaut und verbreitet Bierzeltgemütlichkeit. Mit einem Bier in der Hand würd ich mir das ja gefallen lassen. Ich blicke mich um. Mein Bruder will sich davonschleichen. Er fängt meinen Blick und meint unschuldig: »Ich geh mal weiter, mach du in Ruhe deine Fotos.«

»Nix da«, knurre ich. »Du bleibsch da.«

Fotos. Händeschütteln. Jetzt reicht's. Ich muss mich jetzt höflich aus der Affäre ziehen, ohne gierig und verfressen zu wirken.

»Ich glaub, ich brauche ein Wasser. Ich hab einen ganz trockenen Hals.«

»O je. Saget se doch was! Ich hol Ihn was, bleibet se ruhig hier.«
Ich winde mich panisch.
»Danke, ganz lieb, aber ich muss sowieso auf Toilette.«
Das zumindest kann mir keiner verwehren.
»Ach so. Ja, 's Abort isch am Ausgang.«
Mein Bruder springt auf.
»Oh, ich auch. Wir kommet gleich wieder.«
Ich nicke entschuldigend und gehe dann entschlossen Richtung Ausgang. Wir biegen um die Ecke und schlängeln uns zur Seite weg. Das Essen liegt jetzt in unserem Rücken. Irgendwie müssen wir einen Bogen schlagen und dann zurück.

Erstaunlich, wie viele Leute hier sind. Sind das alles Schwaben? Oder werden auch Badener zum Alb-Abend eingeladen? Wer wird hier denn überhaupt eingeladen? Bedürftige Schwaben? Ich stelle mir vor, wie Berliner Polizisten sanft Menschen in die Minna führen, die mit wirrem Blick »Spätzle? Spätzle?« stammeln, um sie in der Landesvertretung abzugeben. Ich schaue mich um. Und kenne niemanden. Gut, bei 300 000 Schwaben in Berlin kann man auch nicht alle kennen. Aber woher kennt die Landesvertretung die nun? Kriegen die Listen mit ausgewanderten Landsleuten? Vielleicht werden die Mitarbeiter in den Einwohnermeldeämter in Berlin auf den schwäbischen Zungenschlag geschult und funken dann direkt an die Landesvertretung: Achtung, im Prenzlauer Berg ist wieder ein Schwabe eingezogen! Und ich bin ihnen bisher durch die Lappen gegangen, weil ich mich so saumäßig gut assimiliert hab. Das hab ich davon. 18 Jahre ohne Heimwehessen, gekocht von schwäbischen Spitzenköchen, Wildschweine, die durch die Wacholderheiden gegrunzt sind, Lämmer, deren Mütter ich womöglich noch kannte – der Schäfer aus dem Nachbarort ist nämlich auch da und hat eine Plakatwand aufgestellt – Alblinsen und Biodinkelbratlinge …

Ich war aber ja auch nicht ausgezogen, um Schwaben zu treffen, ich wollte ja eine Weltbürgerin sein.

Neben mir lautes Lachen, ein fröhlicher blonder Hüne mit einem schwarzen T-Shirt, auf dem steht:
Ich wurde groß
durch Spätzle mit Soß!

Groß ist er, das stimmt. Und hat offenbar auch in Berlin regelmäßig Spätzle bekommen. Die will ich jetzt auch. Dazu muss ich an ihm vorbei.
»Entschuldigung.«
»Ha, so was!«, dröhnt der Hüne und hält mich fest.
»Hab ich sie gestoßen, tut mir leid«, stammle ich.
»Die Frau Stolz, sauglatt.«
Ich nicke ergeben, mein Bruder verdreht die Augen.
»Au do?! Also, 's Esse ich ja wirklich einwandfrei, gell? Ond ma sollt ja net glaube, was alles neigeht, wenn's umsonscht isch, gell?«
Wieder lacht er dröhnend, und ich zwinge mich zu einem Lächeln.
»Haha, der isch gut, ja. Also, ehrlich gesagt, ich wollt grad ...«
Keine Chance.
Das Riesenspätzle hält mich eisern fest, während er mir in aller Ausführlichkeit meine eigenen Texte erklärt und mir Anweisungen gibt, welche Geschichten ich demnächst erzählen solle. Sein dröhnendes Lachen zieht die Aufmerksamkeit der Umstehenden auf sich.
Zwei junge Frauen mit roten Backen gesellen sich zu uns.
»Au do?!«
Und sie? Plötzlich bricht es aus mir heraus: »Wie kommen Sie denn alle hierher? Woher kennt die Landesvertretung ihre Adressen?«
Die Mädchen kichern, ihre Wangen werden noch eine Spur röter.
»Mir hen oifach angrufe.«
Ich bin baff. Man kann sich hier selber einladen? Wenn ich

das gewusst hätte, dann hätte ich 18 Jahre lang unbehelligt hier schmausen können! Innerlich heule ich auf.

»Gestatten.«

Ich fahre herum.

»Wie bitte?«

Vor mir tanzt ein schwarzes T-Shirt, auf dem »Gestatten, Baden-Württemberg« steht. Dahinter erscheint das verschmitzte Gesicht von Herrn ... Dingsbums, dem ich vorhin entflohen war.

»Möget Sie vielleicht eins von unsre T-Shirts, und dann könnte mir vielleicht noch a Foto ...?«

Jetzt kann ich nicht mehr. Jetzt werde ich nicht mehr höflich sein.

»Nein. Danke. Ich will jetzt mal mei Ruh, ich will endlich was essen.«

Betroffene Blicke, alle um mich her verstummen. Das blonde Spätzle scheint zu schrumpfen, und die roten Backen erbleichen.

Ich fühle mich schlecht. Jetzt hab ich alle vor den Kopf gestoßen.

»Sie hend no nix gesse?«, murmelt Herr Dingsbums schließlich heiser. Die beiden Mädchen echoen: »Nix gesse.«

Ich zucke mit den Schultern.

»Ja, Entschuldigung. Ich wollt net unhöflich sein, jetzt, aber wenn ich hungrig bin, werd ich manchma–«

Spätzle mit Soß unterbricht mich. Er sieht ganz mitgenommen aus.

»Um Gottes willa, gang ond iss was, Mädle!«

Die anderen nicken.

Ich verharre unsicher. Verarschen die mich jetzt? Aber alle nicken eifrig und schieben mich Richtung Büffett. Der blonde Riese teilt die Menge vor mir, und ich stehe vor den Töpfen.

»Was darf's sei?« fragt mich der Mann in Kochschürze und Mütze. »Von allem ebbes, oder?«

Ich nicke glücklich. Nehme meinen Teller in Empfang, der nicht vornehm leer, sondern üppig überfüllt ist.

Da steht Herr Dingsbums wieder neben mir. Ich zucke zusammen. Wenn der jetzt wieder ein Foto will, dann …

»I hab Ihne no a Bier dazu bracht. So, jetzt lasse mer Se aber in Ruh esse, gell?«

Plötzlich fühle ich mich so aufgehoben und verstanden, dass ich ganz gerührt bin.

Hach, ich mag sie doch, die Schwaben!

Erdung

»Ein freundliches, fröhliches Kind. Malt er nicht gerne? Bitte auf die Grobmotorik achten: hüpfen auf einem Bein links war kein Problem, rechts konnte/wollte er nicht.«

So steht es im Formular, das die Amtsärztin in der Kita für Bruno-Hugo-Luis ausgefüllt hat.
Die Erzieher haben sich bei uns entschuldigt.
»Er hatte keine Lust, irgendeine Anweisung zu erfüllen, und sich auch nicht überreden lassen. Wir wissen ja, dass er das alles kann, und haben auch protestiert, aber die Ärztin hat das so aufgeschrieben.«
Ich bin nicht beunruhigt, und das beunruhigt mich. Da stimmt doch was nicht mit mir, oder? Gut, natürlich weiß ich, wie hingebungsvoll und originell mein Kind malt. Ich sehe ihn dauernd hüpfen und klettern. Aber die Ärztin weiß das nicht. Hat er sich jetzt die Zukunft verbaut? Oder ist das praktisch, wenn wir ihn bei der Einschulung zurückstellen wollen, um noch ein Jahr ohne das Schulferien-Diktat reisen, ausschlafen und spielen zu können?
Man lässt Kinder heutzutage nicht mehr einfach so aufwachsen wie früher, so nebenbei. Man liest dicke Ratgeber, tauscht sich aus, googelt und stellt alles andauernd in Frage. Und füttert sein schlechtes Gewissen. Ich bin eine fahrlässig schlechte Mutter! Neulich habe ich Bruno-Hugo-Luis von der Kita abgeholt. Wie immer bleibe ich kurz bei den Erziehern stehen und sage: Ich hol mein Kind, war alles gut? Und dreh mich schon beim

»i…« auf dem Absatz um und gehe mit meinem Kind in Richtung Ausgang. Da fällt mir ein, dass ich noch den Beitrag für den Zooausflug bezahlen muss, und ich kehre um. Nach mir ist Jutta gekommen zusammen mit ihrem Mann Uwe. Beide gehen direkt auf die Erzieher zu.

»Wie ist es Gwinness heute gegangen? Mit wem hat sie gespielt? Sind die Kinder auf sie zugegangen oder umgekehrt?«

Ich warte geduldig mit einer Mischung aus Bewunderung und Ungläubigkeit. Die beiden fragen die Erzieher jeden Tag so ausführlich aus.

»Ja, weil die Gwinness ist ja erst seit einer Woche wieder aus dem Urlaub zurück, und sie hatte da einfach so ein Erlebnis, als ihre Cousine krank war. Da sagte deren Mutter, Gwiness dürfte jetzt nicht zu ihr und mit ihr spielen. Und die Gwinness kommt einfach ganz schwer mit Zurückweisungen zurecht, deswegen ist das so wichtig, dass sie hier wieder gut ankommt, vor allem, wo sie jetzt fast zwei Wochen nicht da war.«

Ich kann die Antwort von Sabine, der Erzieherin, nicht verstehen, sehe aber ihr freundliches und geduldiges Lächeln. Wow. Das ist wirklich bewundernswert. Täglich solche Gespräche zu führen, ohne auszurasten. Wie viele Kinder sind nochmal in der Gruppe? 25 oder so? Wenn jeder beim Abholen zehn Minuten über den Tag des Kindes sprechen würde, wären das über 4 Stunden. Vielleicht ist es doch okay, dass ich nicht so genau nachbohre. Einerseits. Andererseits: Was für Defizite, welche stummen Hilferufe, wie viele Entwicklungsförderungsmaßnahmen verpasse ich, wenn ich nicht dauernd nachfrage und vergleiche? Das Kind ist fröhlich und zufrieden. Pah. Reicht das etwa?

Nachdenklich sitze ich auf dem Spielplatz und beobachte Bruno-Hugo-Luis, wie er durch den Sand rollt. Es erinnert mich an eine Inszenierung von Pina Bausch. Vielleicht sollte er Tanzunterricht bekommen? Gegenüber hat sich Martina niedergelassen und stülpt ihrer Tochter Azalea eine gefilzte Mütze über. Ich recke die Nase prüfend in die Luft. Hmm. Eigentlich finde ich es noch sehr warm, wir haben auf dem Heimweg sogar noch ein Eis gegessen.

»Bruno-Hugo-Luis, ist dir warm?«, rufe ich.

»Ja klar«, kommt es zurück. »Kann ich die Schuhe und Socken ausziehen?«

»Meinetwegen«, sage ich, ohne groß nachzudenken.

Da streift mich ein abschätziger Blick aus zusammengekniffenen Augen. Martina rückt näher. Sie ist in mehrere Wollüberwürfe gewickelt, selbst ihre Haare scheinen zu frieren. Ich nicke ihr freundlich zu und zücke dann mein Smartphone, um mich gegen eine Unterhaltung abzuschirmen. Bruno-Hugo-Luis wirbelt jetzt barfuß durch den Sand, dreht Pirouetten, wirft sich auf den Boden, springt wieder auf. Dabei lacht er über das ganze Gesicht. Ich grinse ihn an und filme ihn mit dem Smartphone. Martina holt Luft. »Der Bruno-Hugo-Luis ist ja nicht sehr gut geerdet«, haucht sie mit besorgter Miene.

»Ah, ja?«, frage ich.

»Ja, ich hab ihn beobachtet, er geht ja so auf den Zehenspitzen.«

Das stimmt allerdings, das macht er manchmal. Aber dass das etwas mit der Erdung zu tun hat, ist mir neu.

»Ja. Wie hast du denn mit ihm Laufen geübt? Hast du ihn mit den Händen gehalten?«

Das verstehe ich nicht.

»Mit den Händen an den Händen?«, bohrt Martina nach.

Unbehaglich hebe ich die Schultern und nicke. »Ja, schon.«

Martina nickt sorgenvoll.

»Jajaja, das machen so viele falsch mit den kleinen Menschlein.«

Ich staune. Niemals wäre mir in den Sinn gekommen, dass ich meinem Kind die Erdung nehme, wenn ich ihm bei seinen ersten tapsigen Schritten die Hand reiche. Martina wird jetzt richtig leidenschaftlich.

»Du musst dich niederknien, neben dem Kind. Dann kann es sich an deiner Schulter hochziehen und ist auf Augenhöhe mit dir. Dann gehst du im Kniestand mit. Ich hab das mit Azalea überall gemacht. Da wurde ich mal ganz seltsam angekuckt.«

Ich verkneife mir ein Grinsen und heuchle Anteilnahme: »Oh, wirklich? Weil du gekrabbelt bist? Wie unsensibel. Wo war das? Im Supermarkt?«

Martina schüttelt energisch den Kopf.

»Nein, da gehen wir doch nicht hin, wir gehen in diesen kleinen Demetermarkt, da sind alle ganz aufgeschlossen.«

Toll, da muss ich unbedingt mal hin und mit Wikipedia einkaufen robben, denke ich mir. Ein Kind hab ich ja nun verhunzt, aber meiner Tochter kann ich noch Erdung ermöglichen.

»Nein, im Naturkundemuseum«, fährt Martina entrüstet fort. »Dort hab ich mich wie immer neben Azalea hingekniet, da waren die gar nicht offen dafür.«

Das finde ich natürlich auch ganz schön unsensibel. Grade dort, zwischen den ganzen Urviechern, Dinoskeletten und ausgestopften Nilpferden, soll man aufrecht gehen? Hier sollte man doch mit der Evolution vertraut sein, sowohl im erdgeschichtlichen Umfang wie auch, was die Entwicklung eines Kleinkindes im Prenzlauer Berg angeht.

»Aber da habe ich mich nie beirren lassen«, beruhigt mich Martina. »Ich habe mich für Azalea immer hingekniet und bin mitgekrochen. Das ist einem sein Kind doch wert, oder?«

Ich betrachte das pummelige blonde Mädchen, das unter seinen Filzschichten sehr rote Backen hat und Bruno-Hugo-Luis ein Sandförmchen nach dem anderen aus den Händen reißt und dabei immer lauter »meins, meins, meins« kreischt. Irgendwie finde ich, ihr könnte etwas mehr Leichtigkeit ganz guttun. Martina sieht mich immer noch durchdringend an.

»Ja klar«, sage ich. »Im Rahmen der Möglichkeiten, gell? Mein Krafttier ist halt der Pinguin, da ist Hinknien gar nicht gut.«

»Ach so«, sagt Martina verständnisvoll. »Na ja, es kann halt nicht jeder immer das Richtige tun. Ich bin sicher, du gibst dir Mühe.«

»Ja, voll. Übrigens, du solltest Fleurian nicht den Sand hier essen lassen.«

Martina hebt den Kopf und stößt die Luft aus.

»Chhh, also echt. Die Antiallergene …«

»Jaja, das weiß ich. Trotzdem solltest du ihn hier keinen Sand essen lassen.«

Martinas Stimme wird nun schrill. »Ich finde, ehrlich gesagt, nicht, dass du anderen Anweisungen geben solltest, was für ihre Kinder am besten ist. Das weiß jede Mutter selbst.«

»Da hast du absolut recht. Aber hier-«

»Azalea hat hier Sand gegessen und hat nur Gräser, Mais und Eier-Allergie. Und Fleurian-«

»Ich mein doch nur …«

Jetzt sind Martinas Wangen so rot wie die ihrer filzgewärmten Tochter.

»Hör auf, bitte! Ich höre mir so was nicht an. Ich lasse mir nicht vorschreiben, wie mein Kind aufwächst. Vor allem, wenn man so offensichtlich keine Ahnung hat wie du! Ich weiß nicht, welche Bücher du gelesen hast, aber ich kann dir sagen, ich weiß *wirklich* Bescheid.«

Ich zucke mit den Schultern.

»Ist gut.«

»Warum hast du denn so auf ihr rumgehackt?«, will mein Mann wissen, als ich ihm abends erzähle, dass Bruno-Hugo-Luis schlecht geerdet ist. »Unsere Kinder essen doch auch Sand.«

»Ja, aber wir waren in dem Sandkasten an der Kurve.«

Mein Mann versteht. Er grinst.

»Ach so. Da, wo immer die Katze vom Nachbarhaus reinkackt.«

Nur schnell ein Brot bei Sebastien

»Wo warst du denn? Die Kinder schlafen längst. Bruno-Hugo-Luis hat nach dir gefragt. Du solltest ihm vorsingen.«

Mein Mann ist sauer.

»Aber ich hab doch gesagt, ich hol auf dem Heimweg noch schnell ein Brot bei Sebastien.«

»Ach. Stimmt.«

Manchmal, wenn die Sonne scheint und ich mit dem Rad in Berlin unterwegs bin, höre ich nicht vorhandene Akkordeonmusik und bin in einem französischen Film. Irgendwas zwischen Amélie und Himmel über Berlin. Das ist mein Kiez, so was von mein Kiez, wenn ich mich mit dem Rad rumschlängeln kann und schöne Einkäufe in mein Körble vorne packe: in Wachspapier gepackten Käse, sauteure, aber extrem glückliche Bio-Würste, ein Strauß Kornblumen – dabei den Blick auf den Fernsehturm. Da heißt es, einfach im Jetzt sein und den Augenblick genießen. Da lass ich mich nicht hetzen, die innerliche Effizienzinstanz ist auf stumm geschaltet, und ich genieße bewusst die Entschleunigung. Bei Bonanza oder Oslo einen Kaffee holen. Das ist kein Starbucks, bei dem die Getränke in tall, grande und waswhißich im Akkord fließen. Hier wird jeder Kaffee mit Sorgfalt und Liebe zum Produkt hergestellt. Ich atme aus – ich weiß, dass ich die nächste halbe Stunde nichts tun kann, außer auf meinen Kaffee warten und dabei die herrlichen Hipster um mich zu beobachten. Was für Bärte! Schimmernd und wollig. Bestimmt sind da gar nicht so viele Fäkalbakterien drin, wie es in den Berichten in Frauenzeitschriften immer heißt. Trotzdem schau ich sie lieber an, als drüberzustreicheln. Hach. Der Kaffee ist heiß, schmeckt nach fairen, hochwertigen Bohnen und ist bedeckt von einer cremigen Milchschaumschicht mit Blüte.

Jetzt noch schnell ein Brot bei Sebastien. Sebastien ist ein Franzose aus dem Elsass, der hier vor wenigen Jahren ein klitzekleines Café eröffnet hat. Er ist nicht sehr groß, dünn und trägt eine Nickelbrille, die immer ein wenig verschmiert scheint – aber das täuscht. Ich hab ganz genau hingeschaut: Die Brille ist tipptopp sauber, aber sein freundlicher Blick ist so verschleiert und irritiert, dass ich es der Brille zugeschrieben hab. Jedenfalls steht er in dem winzigen Raum hinter dem Café und backt die wunderbarsten Dinge: fluffige Eclairs, cremige Schokocoulants, knusprige Baguettes und unfassbare Törtchen und Tartes. Liebevoll und ausführlich erklärte er uns seine Kreationen, und uns lief das Wasser im Mund zusammen. Mit heiligem Ernst und sehr sorgfältig schnitt er uns Stücke der Birnentarte ab, legte sie vorsichtig neben die Opera-Schnitte und deckte sie liebevoll mit einer kleinen Folie ab. Wir waren begeistert und wollten ihn kräftig unterstützen. Also ging fast täglich mindestens einer von uns an der kleinen Bäckerei vorbei.

Mittlerweile hat sich Sebastiens Qualität herumgesprochen, das kleine Café ist fast immer voll, und vor der Theke drängeln sich gut aussehende Prenzlberg-Mitte-Menschen. Hinter der Theke steht nun nicht mehr Sebastien, der praktisch nur noch in seiner kleinen Backstube herumwirbelt und nur ab und zu mit einem Tablett hervorkommt und einen durch die unverschmierten Brillengläser verschleiert anlächelt. Aber Sebastien sucht sich seine Mitarbeiter hervorragend aus. Sie sind immer sehr speziell: gutaussehend, aber außergewöhnlich, mit einem Akzent, der oft Französisch, manchmal aber auch Spanisch oder Englisch vermuten lässt. Alle haben das etwas verschleierte Lächeln, das ihrem Chef eigen ist, und auch ohne Brille scheinen sie einen durch verschmierte Gläser anzusehen. Vor allem aber sind Sebastiens Mitarbeiter ...langsam. Noch langsamer, als ihr Chef es war. Sie sind so langsam und umständlich, wie es sie kein zweites Mal in Berlin gibt, da bin ich sicher. Es ist einfach wundervoll, sie zu beobachten. Denn jeder hat seine ganz eigene Anmut, und selten sieht man ihn oder sie ein zweites Mal hinter der Theke. Ich vermute, jeder, der als Kind gerne Kaufladen gespielt hat und das einmal im echten Leben ausprobieren möchte, findet bei Sebastien Verständnis.

Beim Warten hat man Zeit, sich die leckeren Sachen und die hippen Menschen im Laden anzuschauen. Und man ist ein bisschen aufgeregt, ob man am Ende das bekommen wird, was man gerne wollte. Denn dies ist Sebastiens Reich, und hier gelten seine ganz eigenen Regeln. Als ich den Laden betrete, liegen noch zwei Buchweizenbrote oben neben dem Ofen. Vor mir steht ein sorgfältig gescheitelter Prenzl-Vater und möchte vier solche haben. Zwei Brote stecken schon in einer Tüte, die auf dem Tresen liegt. Sebastien ist gerade mit einem Tablett Croissants aus der Backstube gekommen und erklärt in freundlichem Singsang, dass er nur zwei haben kann. Der Prenzlvater echauffiert sich.

»Aber es gibt doch noch mehr. Ich will vier Stück.«

Sebastien lächelt weiter.

»Das geht nicht. Es gibt nur zwei.«

Eine ganze Weile geht diese Unterhaltung so hin und her. Der Prenzl-Vater ist außer sich. Er blickt sich suchend um, ob ihm nicht jemand zur Hilfe kommen möchte. Möchte aber keiner. Schließlich fügt er sich.

»Dann nehme ich die zwei.«

Immer noch bebend bezahlt er die Brote bei Sebastiens Mitarbeiter des Tages, ein hübscher Asiat mit verwegenem Scheitel, der ein Auge verschleiert. Sebastien lächelt mich aufmunternd an.

»Ich wollte ein Buchweizenbrot, aber es gibt wohl keins mehr?«

»Doch, doch, natürlich«, erwidert Sebastien freundlich und

deutet auf die Ablage neben dem Backofen. Schwungvoll greift er rauf und legt sie in den Korb auf dem Tresen. Ich freue mich. Welche Regel der Verteilung zugrunde liegt, weiß ich nicht. Ich möchte auch nicht fragen. Ich genieße jetzt meine Bestellung.

Ich: Ich hätte gern ein Buchweizenbrot, drei Schokocoulants, ein Stück Birnentarte und ein Vanille-Eclair.

Freundliches Nicken des Verkäufers.

Dann ein Griff zur Gebäckzange, die erst in der linken, dann in der rechten Hand versuchsweise auf- und zugeklappt wird. Etwas unsicher schaut der Verkäufer auf die Buchweizenbrote im geflochtenen Körble. Und greift dann vorsichtig mit der Zange zu. Die Zange ist zu klein. Das hätte ich ihm gleich sagen können, und es war mir schon bis zur Zungenspitze vorgerutscht, aber ich hab es mir verkniffen. Stattdessen lächle ich sanft und ermutigend. Nur nicht verschrecken. Nach einigen Versuchen hat er das Brot tatsächlich an einer Ecke gepackt und bugsiert es jetzt in Richtung Tüte. Die Tüte ist auch zu klein, aber das bemerkt er recht schnell. Mittlerweile stehen schon vier Leute hinter mir und überlegen lautstark, ob ich womöglich das letzte Mandelcroissant bestellt habe. Ich kann nicht antworten, ich bin zu sehr mit Mitfiebern beschäftigt. Das Brot rutscht ab. Ein enttäuschtes Raunen geht durch die Menge vor der Theke. Ich versuche es mit Wegschauen, um keinen zusätzlichen Druck aufzubauen.

Jetzt!

Das Brot steckt fest.

Der Verkäufer dreht sich anmutig-ungeschickt um sich selbst. Alle verfolgen gespannt seinen Tanz. Schließlich findet er eine große Papiertüte und schiebt das Brot vorsichtig hinein. Ich atme auf. Der schwierigste Teil ist geschafft. Nun wird die Glasvitrine geöffnet und die Birnentarte herausbalanciert. Mit vorgeschobener Zungenspitze schneidet der Verkäufer ein schönes Stück ab, legt das Messer beiseite und holt einen Tortenheber. Damit hebt er das Stück an. Er lässt es wieder sinken und holt ein Papptellerchen. Wieder hebt er das Stück und legt es liebevoll auf das

Tellerchen. Er trägt das Tellerchen zum Tresen, kehrt um und holt ein Stück Trennfolie, das er sorgfältig neben den Schnittkanten platziert. Dann nimmt er die Tarte, um sie in die Vitrine zurückzustellen.

»Ich nehme die auch, könnet Sie draußen lassen«, ruft eine Dame aufgeregt aus der Reihe. Der Verkäufer hält verwirrt inne.

»Bitte?«

»Ich tät die au nehme! Könnet Sie draußen lassen«, ruft die Dame wieder.

Der Verkäufer nickt freundlich und schiebt den Kuchen wieder an seinen Platz. Er schließt die Vitrine und verpackt mein Stück in Papier. Dann öffnet er die Vitrine wieder, steckt suchend den Kopf hinein und entdeckt befriedigt die Eclairs. Er kehrt zum Tresen zurück, holt eine neue Zange und fischt elegant nach dem Vanilleteilchen. Ein enttäuschter Seufzer von der Tür. Ich lächle entschuldigend. Die Vanille-Eclairs sind das Größte. Und so wie auch dieses, werden sie alle liebevoll verpackt. Die Schokocoulants folgen schon fast traumwandlerisch. Ich bin so gefangen in der Entschleunigung, dass ich mein Portemonnaie nicht finde. Ich wühle und wühle in meinen Taschen. Geduldig wartet der Verkäufer, geduldig wartet die leise wogende Menge hinter mir. Nur die Frau, die auch eine Birnentarte möchte, mischt sich ein.

»Wenn Sie zahlen wollen, Ihr Geldbeutel liegt näbe dr Kass!«

Tatsächlich. Ich bezahle und nehme meine Beute an mich. Draußen dämmert es bereits. Die Birnenfrau grinst mich an.

»Nix für ungut, gell? Wenn i Hunger hab, werd i manchmal a bissle ohleidig. Normalerweis komm ich auch immer satt her, damit ich alles genieße kann. Isch doch schön in der hektische Welt so eine Oase der Entschleunigung, oder?«

Schöner hätte ich es auch nicht sagen können.

Zu Hause streichle ich meinem schlafenden Sohn übers Haar.

»Morgen gibt's Schokocoulant.«

Er räkelt sich, ohne aufzuwachen.

»Hmmmm.«

Mein Kind ist hochbegabt

Hilfe! Es passiert tatsächlich. Ich google im Internet. »Ist mein Kind hochbegabt?« habe ich in die Suchzeile eingegeben und lese nun beim Begabtenzentrum die Anzeichen durch. Und erschrecke.

Bruno-Google-Luis ist jetzt ja schon vier, also eigentlich bin ich wieder mal viel zu spät dran. Denn die ersten Tests werden bei Zweieinhalbjährigen gemacht. Natürlich war es mir damals schon klar. Eigentlich. Der Junge sprach ja schon mit zwei in ganzen Sätzen, benutzte Vergangenheitsformen und Formulierungen, die eher zum gewählten Ton seiner Uroma gepasst hätten. Wir haben uns darüber amüsiert und gefreut, denn es machte einfach Spaß, sich mit ihm zu unterhalten und ihm zuzuhören. Sein erster eigener Song mit eineinhalb hieß: »Metterling, Metterling, warte mal …« Er sang ihn verträumt auf seinem Spielteppich. Ich war begeistert. Mit zweieinhalb beeindruckte er mich, als ich ihn fragte, ob er mir einen Kuss gebe, mit der Antwort: »Nein, ich hab nur noch zwei.« Mit fast drei standen wir auf dem Spielplatz mit den zwei Rutschen, und ich wollte gerade zum Aufbruch blasen. Aber er widersprach mir: »Nein, ich möchte erst noch die andere Rutsche begleiten.«

So könnte ich nun endlos fortfahren, denn ich habe natürlich eine Liste mit den faszinierendsten Aussprüchen angelegt. Zurück zum Thema: Ich habe damals heimlich daran gedacht, dass er hochbegabt sein könnte. Na gut, ganz unter uns: Ich war mir sicher. Aber dann hab ich mich selbst zurückgepfiffen. Ich bitte euch! Dieses Kinderüberfördern im Prenzlauer Berg, das ist doch entsetzlich! Obwohl – also es nervt ja schon gewaltig, dass mein Mann und ich keine andere Muttersprache haben. Es wäre doch einfach toll, wenn die Kinder zweisprachig aufwüchsen. Ich frage Naoko, ob Bruno-Google-Luis nicht mit ihrem Sohn in die Japanisch-Stunde kommen kann. Sie sieht mich verständnislos an.

»Wieso?«

»Na, weil er so unheimlich begabt ist. Es wäre sehr gut für ihn und würde ihm auch bestimmt total Spaß machen, Japanisch zu lernen.«

»Aber keiner von euch kann Japanisch.«

Das stimmt natürlich. Aber soll unser Kind darunter leiden müssen?

Am Nachmittag sind wir wieder auf dem Spielplatz. Dem mit den zwei Rutschen.

Eine Mutter schiebt ihr Kleinkind die Leiter hoch und platziert sich dann am Ende der Rutschbahn. Sie breitet die Arme aus und ruft: »So, Hermann-Paolo, jetzt.« Und: »Yksi, kaksi, kolme, neljä!«

Das Kind wedelt mit den Armen und stemmt die Beine an die Seiten. Hinter ihm erscheint Bruno-Hugo-Luis.

»Nicht schubsen«, rufe ich ihm zu.

Die andere Mutter sieht mich anerkennend an und ruft dann erneut: »Yksi, kaksi, kolme, neljä!«

»Was rufen Sie denn da?«, frage ich interessiert.

»Das ist Finnisch. Hermann-Paolo kann schon bis zehn zählen.«

»Wow, toll! Sind Sie Finnin?«

»Nein. Leider nicht. Deswegen kann ich ihm auch nur bis zehn beibringen. Erstmal. Aber damit ist der Grundstein ja gelegt.«

Sie wendet sich wieder dem kleinen Jungen zu, der mittlerweile mit meinem Sohn rangelt.

»Lass das, du kommst gleich dran«, rufe ich hoch.

Die nicht-finnische Mutter winkt.

»Na, dann versuchen wir es mit Japanisch, komm: Ichi, ni, san, shi, go!«

»Ach, Japanisch finde ich ja auch toll«, sage ich. »Wir haben japanische Freunde, aber ich kann eigentlich nur Arigato.«

»Ach, was heißt denn das?«, fragt sie mich und kramt ihr Smartphone hervor.

»Danke.«

»Super. Können Sie mir das hier reinsprechen?«

Ich gebe mir große Mühe, ein sehr japanisch klingendes »Arigato« in ihr Telefon zu näseln.

»Super, danke«, sagt sie zufrieden. »Wissen Sie, mein Herrmann-Paolo ist nämlich hochbegabt. Und ich versuche ihn zu fördern, wo ich nur kann.«

Der hochbegabte Junge hat mittlerweile seine Schuhe ausgezogen und haut damit mein hochbegabtes Kind, das versucht, sich an ihm vorbeizuwängen.

»Herrmann-Paolo, das geht aber nicht«, tadelt sie ihn. »Jetzt sag: Bocsánat. Das heißt ›Entschuldigung‹ auf Ungarisch«, informiert sie mich.

Ich nicke. Langsam wird mir der Kuddelmuddel zu viel.

»Hermann, lässt du kurz den Bruno-Hugo-Luis vorbei?«, rufe ich hoch.

»Nee!«, ruft der zurück.

»Also, das hieße auf Griechisch Ja«, grinse ich. »Dann geh mal beiseite.«

Die Hermann-Mutter scheint hin- und hergerissen zwischen ihrem Smartphone, in das sie das neue Wort sagen möchte, und ihrem Kind, das jetzt seine Schuhe von der Rutsche schmeißt.

Bruno-Hugo-Luis hat sich mittlerweile vorbeigedrängt.

»Danke schön«, sagt er höflich, winkt mir zu und brüllt: »Bahn frei, Kartoffelbrei!«

Er rutscht in meine Arme, und wir stapfen zur anderen Rutsche, während Herrmann-Paolos Mutter weiter in unterschiedlichen Sprachen auf ihn einzählt. Ich überlege. So ein Durcheinander an Sprachfetzen finde ich anstrengend, lieber eine Fremdsprache, und die dafür richtig, am besten doch mit Muttersprachlern. Wie wäre es denn mit einer zweisprachigen Kita? Da gibt es hier ja einige. Diese Spanische soll ganz, ganz toll sein, hat mir Wenke erzählt. Ich bin begeistert von meiner Idee. Dann lernt er halt Spanisch. Wenke und Holger sind auch ganz normale Deutsche und haben ihre Tochter trotzdem dort untergebracht. Okay, sie und ihr Mann sind viel durch Lateinamerika gereist und sprechen beide die Sprache. Aber wenn er Spanisch lernt, dann könnte ich doch mitlernen, wäre das nicht toll?

»Warum suchst du nicht eine Sprache aus, die du selber sprichst?«, fragt mein Mann. »Wenn es schon sein muss.«

Wenn es schon sein muss! Tse, tse. Ja, meinetwegen. Aber Englisch und Französisch kann doch jeder! Das lernt er eh in der Schule. Mein Italienisch ist sehr bescheiden und klingt eher nach Latein, und auf Russisch kann ich eigentlich nur behaupten, dass mein Vater auf dem Dampfer arbeitet, was erstens nicht stimmt und zweitens keine richtige Unterhaltung in Gang bringt. Schließlich gebe ich das Projekt auf. Mir ist eine Kita aufgefallen, die einen tollen wilden Garten hat, in dem fröhliche verdreckte Kinder jeden Nachmittag johlend herumtollen. Die gefällt mir so sehr, dass ich die Hochbegabtenförderung wieder vergesse.

Bruno-Google-Luis fühlt sich sehr wohl dort. Ich würde als Kind da auch gerne hingehen. Ich entspanne mich. Dann treffe ich Astrid, die hektisch zum Abholen gerauscht kommt, hochrote Flecken auf den Wangen.

»Hey, du bist ja heute auch früh dran«, rufe ich fröhlich.

»Ja«, schnauft sie. »Ich muss die Mädchen abholen, heute ist Ballett.«

Oh. Ballett. Hmm. Bruno-Google-Luis tanzt doch auch so gern. Ob ich da mal mit ihm hin soll? Wäre ja auch super, so gegen den Gender-Mainstream und so ... Anna-Sophie geht außerdem zum Schwimmkurs und zur Musikstunde. Boah, alles toll! Aber das sind ja drei Nachmittage.

»Nein, Schwimmen ist zweimal die Woche.«

Viermal nach der Kita zu einem Kurs? Ich beginne zu grübeln. Ich hab mir die Tage extra so eingerichtet, dass ich bis zum Nachmittag alles abgearbeitet habe, um dann mit den Kindern spielen zu können. Aber beschneide ich sie dann in ihrer Entwicklung? Jetzt ist doch das Alter, in dem sie am aufnahmefähigsten sind. Jetzt können die Grundsteine gelegt werden zu einem erfolgreichen Leben. Wenn man zum Schuleintritt schon alles kann, dann kann man gleich mit dem Gymnasium anfangen, und dann hat man noch eine Chance auf dem Arbeitsmarkt. Sogar, wenn man danach noch ein Jahr auf Reisen geht. Obwohl. Das möchte ich dann doch nicht, dass der Junge mit vierzehn allein in der Weltgeschichte herumgondelt, auch wenn er sich überall problemlos verständigen kann, zur Not mit Ausdruckstanz.

»Die Anna-Sophie ist sonst einfach nicht genug ausgelastet. Die ist so übersensibel, das sind ja hochbegabte Kinder meistens.«

Ich horche auf. Das interessiert mich.

»Ich war wirklich froh, als wir mit der Kinderpsychologin darauf gekommen sind, woher diese Unausgeglichenheit kommt. Die war ja so trotzig und frech. Aber das war quasi ein Hilferuf. Die war einfach verkümmert in ihrer Unterforderung.«

Ich grinse in mich hinein. Anna-Sophie ist eine Rotzgöre, so sieht es aus. Hochbegabt, dass ich nicht lache! Hilferuf. Ach, ihr Prenzlmütter, denke ich amüsiert.

»Dene fällt vor lauter Faulheit nix dümmers ei«, hätte meine Oma gesagt. Und recht hat sie.

»Habt ihr's mit Ritalin versucht?«, scherze ich.

Aber Astrid sieht mich ernst an. Sie blickt sich um und senkt die Stimme.

»Natürlich. Hab ich besorgt. Aber mein Mann ist dagegen. Der ist ja auch den ganzen Tag in der Kanzlei, der kriegt das ja gar nicht so mit. Jetzt probieren wir es erstmal so. Ist ganz schön anstrengend, kann ich dir sagen. Aber ...«

Sie zwinkert mir verschwörerisch zu.

»...mit dem Ritalin halt ich das super durch!«

Ich blicke ihr nach. Hat die mich jetzt verarscht? Nachdenklich schlurfe ich zum Spielzimmer. Bruno-Google-Luis trägt ein Hühnerkostüm. Awww, wie niedlich. Er ist vergnügt und verschwitzt. Trotzdem gehen mir Astrids Worte im Kopf herum. Kinderpsychologe, trotzig, unterfordert ... Übersensibilität! Langsam wird mir einiges klar! Natürlich, Bruno-Google-Luis ist extrem sensibel. Ganz oft brüllt er herum, zum Beispiel, wenn es keine Schokolade gibt. Ich raufe dann mit ihm herum, bis er erschöpft ist und sich zufrieden zu mir kuschelt. Pah. Da hab ich es mir ja schön einfach gemacht. Ich dachte, das sind die Trotzjahre. Erst kommen die »terrible two« und dann die furchtbaren drei und so weiter. Ich muss was tun!

Also sitze ich jetzt vor dem Computer und lese mir die Anzeichen für Hochbegabung durch. Sonnenklar. Das ist alles mein Sohn. Was jetzt?

»Mama. Spielst du mit mir?«

»Gleich, ich muss hier was nachschauen, das ist wichtig.«

»Menno. Kann ich dann ein Hörspiel?«

»*Hören*. Kann ich dann ein Hörspiel *hören*. Kann und darf reicht alleine nicht.«

»Kann ich dann ein Hörspiel *hören*?«, brüllt er mich an.

»Natürlich, mein Schatz. Was möchtest du denn?«

»Die Zauberflöte.«

Ha. Das ist doch schon wieder ein eindeutiges Zeichen! Die Zauberflöte. Ein Vierjähriger. Und gebrüllt hat er auch. Weil er so sensibel ist. Ich blicke mich stolz um, aber außer mir und Wikipedia ist keiner da, der das bewundern könnte. Und die Kleine kaut auf irgendwas herum und schaut nicht mal auf. So was. Moment.

»Was hast du da im Mund?«, rufe ich.

Bereitwillig hält sie mir ihre Beute entgegen. Eine Murmel.

»Wo hast du die denn gefunden? Bruno-Google-Luis, ich hab dir gesagt, dass du mit deinen Spielsachen aufpassen musst, die Wiki soll das nicht essen.« Die Kleine schüttelt strahlend den Kopf.

»Neineinei«, brabbelt sie.

Ich betrachte sie gerührt. Sie hat die Murmel tatsächlich nicht geschluckt, sondern mir gegeben. Wahnsinn. Es trifft mich wie der Schlag: Ich habe *zwei* hochbegabte Kinder! Was jetzt? Ich greife zum Telefon.

»Astrid? Ich brauche Ritalin.«

Kotze-Design

»Was hast du denn da?«

Gunda sieht mich mit zusammengekniffenen Augen an. Ich schaue an mir herunter.

»Was denn?«

Gunda greift an meine rechte Schulter, zuckt dann aber zurück.

»Sieht aus wie Vogelscheiße.«

Angeekelt ziehe ich meinen Pulli nach unten, um meine Schulter zu begutachten. Und seufze erleichtert.

»Nee, das ist nur ein bisschen Kotze. Von Wikipedia. Hab ich meistens rechts.«

Ich reibe ein wenig auf dem eingetrockneten Fleck herum. Gunda kräuselt die Nase.

»Das nervt, oder?«

Ich zucke mit den Schultern.

»Besser als Möhrenbrei. Obwohl, den kriegt man meistens auch wieder raus. Muss man ausbleichen lassen in der Sonne.«

Gunda schüttelt ungläubig den Kopf und lacht. Ich lache mit.

Seit ich Kinder habe, gehe ich großzügiger mit meinem Aussehen um. Meine Güte, so ein bisschen vergorene Milch an der Schulter, da kann ich mich doch nicht jedes Mal umziehen deswegen. Und wenn ich partout ein Kleid anziehen will, dann kriegt die Strumpfhose halt Löcher, das bleibt auf dem Spielplatz nicht aus. Man sieht doch immerhin, dass ich mir was Schönes angezogen hab, am Anfang des Tages. Gundas missbilligender Blick bleibt aber in mir hängen. Und nagt. Eigentlich möchte ich auch mal wieder hübsch zurechtgemacht rumlaufen, nicht nur praktisch. Andere Mütter kriegen das doch auch hin. Wir sind ja nicht in Kreuzberg. Oder im Wedding. Ich beschließe, von nun an wieder mehr auf mich zu achten. Heute Nachmittag sind wir bei Sandra eingeladen, denn Raoul wird drei. Nach dem Mittagsschlaf ziehe ich Wikipedia komplett um, niedliches Kleidchen, Strumpfhose, Jäckchen. Bruno-Hugo-Luis weigert sich störrisch, seine Hose zu wechseln. Na gut, sind nur ganz wenige Flecken drauf, dafür zwinge ich ihn, einen frischen Pullover anzuziehen. Ich selbst ziehe meine frisch gewaschene teuerste Jeans an. Bei der sind die Knie noch nicht dünn gescheuert. Und einen schlichten schwarzen Pulli. Ich fühle mich gut.

Als wir ankommen, ist bei Sandra schon ordentlich was los. Zehn Kinder tummeln sich im Eingang und auf dem Weg ins Kinderzimmer. Ich schäle meine Kinder und mich aus den Winterjacken und umarme Sandra, die ein wunderschönes blaues Kleid trägt, dezent geschminkt ist und seidig über den Rücken fallende Haare hat.

»Du siehst toll aus«, sage ich bewundernd.

Sie reicht mir lachend ein Glas Sekt.

»Frag nicht, wie es vor einer halben Stunde war. Wie süß die Wiki angezogen ist!«

Ich nehme einen Schluck Sekt, schubse die Kinder ins Spielzimmer und begrüße die anderen Eltern. Eine Frau hat einen Säugling im Arm. Mit Schleife im schütteren Haar. Also, das Kind, meine ich. Die Mutter sieht aus wie eine Elfe, trägt ein geblümtes Wickelkleid und hat auch seidige Haare. Erleichtert entdecke ich einen kleinen hellen Fleck an ihrer Schulter. Immerhin. Die Kinder machen sich über die fremden Spielsachen her und sind selig. Ich stelle mich den anderen Eltern vor, nippe weiter an meinem Sekt und unterhalte mich. Dann gibt es Kuchen mit Schokoglasur. Bruno-Hugo-Luis mampft zwei Stücke. Er sitzt leider zu weit weg von mir, als dass ich ihm den Mund mit der Serviette abwischen könnte. Stattdessen versuche ich, Wikipedia vorsichtig ein bisschen Biskuit zu geben. Aber die Kleine ist schneller als eine Klapperschlange. *Patsch!* Hat sie in den Teller gegriffen und schüttelt triumphierend Sahne und Schokoglasur hin und her. Ich versuche, ihre Hand einzufangen, aber vergeblich. Sie landet vor ihrem Mund und in ihren Haaren. Na gut. Seufzend trage ich das verschmierte Kind ins Bad und wische es sauber. Dann setze ich sie wieder ins Kinderzimmer. Bruno-Hugo-Luis springt mich von hinten an und schmiegt sich an mich. Niedlich, zumindest teilweise.

»Hast du dir Mund und Hände gewaschen?«

»Na klar, hab ich«, sagt er brav.

Ich will ihm glauben und setze mich wieder zu den Erwachsenengesprächen ins Wohnzimmer. Da kommt Wikipedia angetapst. Sie umarmt meine Knie und lächelt dann zu mir hoch.

»Oh, du hast ja ein Rotznäsle, warte mal, hier ist ein Taschentuch.«

Sandra sammelt klatschend die Kinder zusammen.

»Wir spielen Topfschlagen.«

Während sich die Kinder jubelnd um den Kochlöffel balgen, räumen wir die Kuchenteller ab und trinken dabei noch einen Sekt. Sandras Mutter füllt derweil neue Teller mit Spaghetti Bolognese.

»Ist Bio-Rindfleisch, esst ihr das alle?«, ruft sie fragend in die Runde und trifft auf begeisterte Zustimmung. Nur zwei Mütter essen kein Fleisch.

»Seitdem ich vegan lebe, hab ich so viel mehr Energie«, sagt Carola fast entschuldigend. »Aber die Pernilla-Anastasia darf natürlich.«

Die Kinder drängen sich um den Tisch, aber da sie vorher so viel Kuchen gegessen haben, sind sie schnell satt. Ich füttere Wikipedia und schiele zu Bruno-Hugo-Luis' Teller hinüber. Wenn ich Glück habe, kann ich zwei Portionen abgreifen. Nach den

Nudeln beginnen wir, unsere Kinder einzufangen und in ihre Jacken und Schuhe zu stopfen. Fröhlich und leicht angesäuselt verabschiede ich mich. Die Kinder schlafen schon auf der Heimfahrt ein, so dass Matthias mir hilft, sie nach oben zu tragen, als wir daheim ankommen. Bei einem Glas Wein erzähle ich ihm dann später von dem schönen Nachmittag mit all den hübschen Müttern.

»Jetzt sind die Kinder ja auch schon bisschen größer, und ich hab das alles viel besser im Griff als früher. Jetzt kann ich wieder ausgehen und dabei gut aussehen.«

»Du siehst immer gut aus«, sagt er liebevoll. »Was meinst du denn?«

»Na, ohne verklebt und verschmiert zu sein am Ende des Tages.«

Matthias lächelt mich an. Ich gebe ihm einen Kuss und verschwinde ins Bad. Und sehe da zum ersten Mal, seitdem ich das Haus verlassen hatte, in den Spiegel. Verdammt! Meine Haare sind verklebt. Wieso hab ich das nicht mitbekommen, dass Wikipedia mir die Sahne auch auf den Kopf geschmiert hat? Mein schwarzer Pulli, den ich erst vor wenigen Stunden angezogen habe, hat rechts einen kleinen Kotzefleck und im Rücken Schokoladenguss. Ich blicke an mir herunter. Beide Knie sind von silbrigen Rotzfäden bezogen. Das kann doch nicht sein. Verzweifelt rufe ich meine Mutter an.

»Und immer bin ich so versaut, die anderen nicht. Oder sehe ich es da nur nicht? Weißt du, am besten wäre es, wenn es schon Klamotten mit Flecken drauf gäbe. Als modische Absicht quasi.«

Am anderen Ende der Leitung Schweigen.

»Mama?«

»Ja. Gute Idee eigentlich. Kann ich dir machen. So ein bisschen wie Jackson Pollock oder Cy Twombly. Ich hab mir doch einen Schlafanzug gemacht mit solchen Tropfen. Kann ich dir auch machen. Das nähen wir dann an die Stellen, die immer vollgekotzt oder verschmiert werden.«

»Genial.«

Ab jetzt sammle ich meine verdreckten Klamotten und fotografiere die Spuckeflecken und Rotzeschlieren. Meine Mutter schneidet aus schillernden Stoffen die Applikationen zurecht. Gibt das eine neue Modewelle? Mutterchic? Prenzlrotz? Warum nicht.

Als ich zum ersten Mal mit meinem neuen Outfit unterwegs bin, werde ich häufig angesprochen.

»Cooler Pulli, die Applikationen sind ja stylisch. Und passt zu diesen irisierenden Streifen auf deiner Jeans.«

»Und das hast du selbst entworfen?«

»Nein, das waren eigentlich meine Kinder. Die sind ja so kreativ! Und man muss sie ja einfach sich entfalten lassen. Wenn man sich nicht dagegen wehrt, sondern sich davon inspirieren lässt, entstehen da ganz tolle Kräfte.«

Faszinierenderweise landet die Kinderspucke tatsächlich auf den vorgefertigten Applikationen. Manchmal ist es nicht genau die gleiche Farbe, aber das macht gar nichts, das macht das Ganze eigentlich noch interessanter.

Mancher ist irritiert, dass das Design von Bäuerchen und Schniefnasen stammt, aber die meisten – vor allem Mütter – fahren total drauf ab. Wir müssen in Produktion gehen, das ist klar. Wieder ein spannendes Projekt.

Und ich fühle mich wieder wohl – auf dem Spielplatz, zu Hause und unterwegs.

In meinem schönsten Outfit besuche ich meinen Freund Philipp, der gerade in Väterzeit ist. Irgendwann verschwindet er mit Pablo-Vincent im Nebenzimmer, um ihn zu wickeln. Ich trinke genüsslich meinen Kaffee, als plötzlich ein Schrei durch die Wohnung gellt.

»Nein! Nicht schon wieder!«

»Kann ich helfen?«, rufe ich ins Nebenzimmer.

»Nee, schon gut.«

Kurz darauf kommt Philipp zurück und legt das Kind in die Wippe auf dem Tisch. Dann stellt er sich vor mich und breitet die Arme aus. Sein Hemd ist nass gesprenkelt, als wäre er unter einem Rasensprenger durchgelaufen.

»Andauernd pisst der mich an, der kleine Racker. Der wartet nur darauf, dass ich ihm die Windel ausziehe, und dann legt er los.«

Ich bin begeistert. Eine neue kreative Welle ist losgetreten!

Schwabenhass

»Lieber Ali statt Schwabi!«

Das steht an der Wand des nagelneuen Neubaus, in den mein Onkel gerade eingezogen ist. Ich muss lachen. Ich finde die Beschimpfung niedlich. Andere Schmierereien sind weniger süß.

»Kauft nicht beim Schwaben« beispielsweise versprüht eine Gruppe – oder auch nur ein Einzelner, wer weiß das schon –, die mit TSH unterschreibt. Anfangs dachte ich, das hieße so was wie Turn- und Sportverein Hannover – oder Halensee, das passt besser zu Berlin. Aber Halensee ist fast so weit weg vom Prenzlauer Berg wie Hannover. Wer fährt denn extra zum Schwabenbeschimpfen durch die ganze Stadt? Nein, wie ich schließlich erfahre: **TSH** steht für **T**otaler **S**chwaben **H**ass. Das ist hässlich, finde ich. Und unpassend. Aber ich fühle mich deswegen weder angegriffen noch eingeschüchtert.

Abends sind wir zum Kässpätzleessen bei meiner Freundin Lisa eingeladen. Wir stehen mit Weingläsern in der Hand in der gemütlichen Küche um sie herum und schauen ihr beim Schaben zu. Es sieht sehr anmutig aus. Ich mache die Spätzle immer mit dem »Spätzleschwab«, das ist ein Gerät, das wie eine große Knoblauchpresse aussieht. Ich bewundere Menschen, die so schöne Spätzle schaben. Und dabei so anmutig aussehen. Und dabei noch Wein trinken und erzählen können. Lisa erzählt, dass sie, kurz bevor wir kamen, festgestellt hat, dass sie keinen Käse mehr hat. Also ist sie losgeflitzt, um im kleinen Supermarkt am

Eck ein paar Packungen Reibekäse zu holen. Es gibt auch im Prenzlauer Berg noch vereinzelt ganz normale Supermärkte, auch wenn die Bioläden mehr und mehr werden. Die Frau an der Kasse zog die fünf Käsepackungen über den Scanner und fragte neugierig: »Wat machste denn mit all dem Käse?«

Lisa antwortet ausweichend: »Na, was kochen.«
»Aba wat? Wat machste denn da dazu? Jemüse?«
»Ja, da mach ich schon noch was dazu.«
»Ja, aber wat denn? Meine Jüte, so viel Käse. Da machste aba auch Jemüse dazu, wa?!«

Lisa erzählt sehr plastisch und humorvoll, und wir kugeln uns vor lachen. Plötzlich wird sie ernst.

»Ich hab mich wirklich nicht getraut, zu sagen, dass der für Kässpätzle ist. Wer weiß, ob die mich dann nicht mehr mag.«

»Aber du kaufst da doch schon seit Jahren ein.«

Ich finde es eher lustig, dass einem zu fünf Päckchen Käse nicht Spätzle sondern Gemüse einfällt. Und beruhigend. Seit fast zwanzig Jahren wohne ich nun in Berlin, die meiste Zeit tatsächlich im Prenzlauer Berg. Ich hatte nie das Gefühl, von Schwaben umringt zu sein. Und habe mich als Schwäbin nie abgelehnt gefühlt. Warum denn auch? Ich bin schließlich eine Bereicherung für Berlin. Wie vermutlich die meisten Schwaben. Schließlich haben die ja den Prenzlauer Berg zum großen Teil saniert, saubere Spielplätze mit funktionierenden Rutschen gefordert und gefördert und tragen ihr sauer verdientes Start-Upper-Geld gerne in gute Bäckereien, Restaurants und Kinderklamottenläden. Ich würde mit hocherhobenem Haupt verkünden, dass ich Kässpätzle mache, selbst geschabte. Da würde die Kassiererin sich doch freuen, falls sie das noch nicht kennt. Meine Güte, die Arme. Mich packt plötzlich heftiges Mitleid mit allen Menschen, die ohne die schwäbische Küche aufwachsen mussten. Und mit mir, die ich seit Jahren auf der Suche nach gscheiten Brezeln in Berlin bin. Mit »gscheit« meine ich in dem Fall nicht schlau, sondern anständig. Eine gscheite Brezel hat dünne, knusprige Ärmchen und einen üppig gewölbten Bogen mit einer lippenförmigen, hellen Mitte. Hach. Ein sehnsuchtvoller Laut entschlüpft meinen Lippen. Lisa stupst mich in die Seite und holt mich damit zurück in ihre Küche.

»Alles okay?«

Ich sehe, dass sie die Spätzle inzwischen mit dem unter falschen Vorgaben erworbenen Reibekäse in eine Auflaufform geschichtet hat, und eine Träne der Rührung schiebt sich in meinen Augenwinkel.

»Ja«, sage ich tapfer, wieder in der Realität angekommen, die zwar hart und entbehrungsreich sein kann, momentan aber wohlig und warm ist. »Ich mach mal den Kartoffelsalat fertig.«

Der perfekte Kartoffelsalat zieht möglichst lange in Essig und Brühe und wird erst ganz zum Schluss mit Öl versiegelt. Ich hebe den Deckel von der Schüssel, greife zum Salatbesteck und rühre um. Es gibt ein schmatzendes Geräusch, und alle um mich her nicken anerkennend.

»Super, Mädle«, sagt Lisa. »Schwätze muss er.«

»Wie bitte?«

Gabi schaut uns verständnislos an. Die Arme. Sie ist die Einzige in der Runde, die nicht aus Schwaben stammt oder mit einem liiert ist.

»Wenn man den Kartoffelsalat durchrührt, muss er so ein Geräusch machen wie jetzt, dann weiß man, er ist schön schlonzig.«

Gabi lacht.

»Is jut, ihr Nasen, ich freu mich ja auf euer Schwabenessen.«

Gabi ist Brandenburgerin. Was die dortige Spezialität ist, weiß ich, ehrlich gesagt, gar nicht, Gabi hat noch nie für uns gekocht. Aber sie hat uns auch nie angefeindet.

»Kennst du Leute, die Schwaben hassen?«, frage ich sie.

Gabi denkt nach. Lange und ernsthaft.

Langsam mache ich mir Sorgen. Stellt sie jetzt in Gedanken eine endlose Liste zusammen? Schließlich zieht sie die Nase kraus.

»Hmmtjaa«, beginnt sie gedehnt. »Ich bin doch in dieses Gemeinschaftshaus gezogen, in der Stargarder.«

»Ach ja, genau«, wirft Lisa ein. »Ich wollte doch endlich mal vorbeikommen. Euer Garten soll doch so schön sein! Habt ihr da mittlerweile 'ne Grillstelle gebaut? Das wär doch was fürs Wochenende!«

Gabi wiegelt ihre Begeisterung ab.

»Ehrlich gesagt, diejenigen, die in dem Haus echt nerven, sind schon die Schwaben.«

Betroffen sehen wir sie an.

»Auch Petra? Die hat dich doch dazugeholt.«

»Leider auch Petra. Ein bisschen. Eher passiv.«

»Gibt es Aktiv-Schwaben und Passiv-Schwaben? Ich meine -Nerver?«

»Ja, pass auf. Es gibt ja so ein Meeting von allen Parteien jeden Monat, da wird dann besprochen, was in der Hausgemeinschaft so anliegt. Und da nerven die Schwaben gewaltig. Meine Fresse, so einen Haufen Klugscheißer hab ich selten erlebt.«

Langsam bekommt Gabi richtig rote Wangen. Lisa und ich tauschen einen unbehaglichen Blick. Ich schenke Wein nach und nehme einen großen Schluck.

»Also, die Mehrheit hat sich beispielsweise dafür ausgesprochen, die Reinigung vom Treppenhaus selbst zu übernehmen und keine extra Firma zu beauftragen. Und dann kommt der Uli neulich ernsthaft mit einem »Kehrwoche«-Schildchen, das dann immer bei demjenigen an den Briefkasten gehängt werden soll, der mit Putzen dran ist.«

Sie macht eine Pause und sieht uns an.

»Okay«, sage ich aufmunternd. »Und dann?«

»Äh, hallo? Ein Kehrwoche-Schild? Geht's eigentlich noch? Wir sind doch hier nicht in Stuttgart!«

»Natürlich nicht«, beruhigt Lisa sie. »Aber es ist schon ganz praktisch. Dann weiß jeder, woran er ist.«

»Ja klar, und jeder kann dann immer kontrollieren, wer sorgfältiger putzt. Das ist doch Stasi-mäßig, gerade in so einer Gemeinschaft sollte man doch eine Vertrauensbasis haben.«

Lisa nickt nachdenklich.

»Ich weiß, was du meinst. Du wohnst ganz oben, stimmt's?«

Gabi nickt.

»Hab ich damals in Stuttgart auch. Pass auf, ich verrat dir einen Trick. Du putzt einfach nur deinen Treppenabsatz, der ist ja eh der sauberste, weil nur du bis ganz oben gehst. Bei den anderen stellst du einfach die Fussmatten auf und sprühst Essigwasser herum. Das kannst du auch in eine Duftlampe gießen, das funktioniert auch super. Dann riecht es total geputzt, die aufgestellten Fussmatten signalisieren, dass du überall ganz ordentlich sauber gemacht hast – und die Woche drauf macht es ja dann eh einer von deinen Schwaben.«

Zufrieden wirft sie die Zwiebeln in die Pfanne.

Gabi und ich schauen sie an. Ich voller Bewunderung für ihre Schlauheit, Gabi entsetzt.

»Das ist ja der Hammer. Das sagst du mir als Schwäbin! Das ist krass. Ich wette, jeder im Haus kennt diesen Trick längst. Ihr seid echt ein perfides Pack! Und dann immer so ordentlich tun. Dabei seid ihr schuld, dass es die Grillstelle immer noch nicht gibt.«

Jetzt bin ich verwirrt.

»Wir? Ich war doch noch gar nie in deiner neuen Wohnung, wie soll ich de-?«

»Ihr Schwaben!«, ruft Gabi jetzt leidenschaftlich. »Diese Grillstelle besprechen wir jetzt schon seit Wochen, es gab sogar mehrere Sonderzusammenkünfte. Aber immer wieder blockiert das jemand. Meistens Meike, die immer mit Sicherheitsvorkehrungen daherkommt. Als wären ihre Kinder in tödlicher Gefahr durch so einen Grill. Dabei sind die ja schon in der Schule, die kapieren doch langsam, dass man da nicht raufklettert, wenn es brennt. Und dann sind ja auch Erwachsene dabei.«

Hm. Seltsamerweise fühle ich mich mit angegriffen und suche jetzt nach Argumenten.

»Und wenn ihr den Grill ummauert?«

»Ach, hör doch mit dem blöden Grill endlich auf«, unterbricht mich Gabi. »Ich will den gar nicht mehr.«

Jetzt bin ich beleidigt.

»Dann mecker nicht rum, wenn du den eh nicht willst. Meine Güte, echt.«

Aufgebracht sehen wir uns an. Plötzlich müssen wir alle lachen. Und zum Glück erfüllt plötzlich wie auf Kommando ein wunderbarer Duft die Küche.

»Essen ist fertig, setzt euch!«, ruft Lisa und verteilt goldbraune Zwiebeln auf den dampfenden Kässpätzle. Andächtig schaufeln wir uns die Teller voll, stoßen an und kauen schweigend. Schließlich seufzt Gabi.

»Und dann wieder so was. Man kann euch halt nicht wirklich hassen. Das ist wahrscheinlich das Hassenswerteste daran. Wie kann man so penibel sein und gleichzeitig so Genussmenschen?«

Lisa und ich zucken mit den Schultern. Mit vollem Mund spricht man nicht.

Als ich nach Hause komme, sehe ich eine Menschenansammlung vor unserem Haus. Ich höre einzelne Fetzen. »So edgy!« und »What does it say?«. Einige halten ihre Smartphones in die Höhe und fotografieren die Wand. Ach, Touristen. Wieso fotografieren die denn unsere Hauswand? Die ist völlig unspektakulär. Oder hat hier womöglich mal wer Berühmtes gewohnt und das ist grade erst rausgekommen? Neugierig schiebe ich mich zwischen den Leuten durch. Da steht ein Kerl mit Skimütze und sprayt ein Graffiti an die Wand. Ich schubse die Touristen beiseite und rufe: »Hey! Das find ich jetzt net so gut! Was soll denn das?«

Erschrocken hält der Sprayer inne. Dann lässt er die Dose fallen und rennt davon. Die Touristen fotografieren kichernd mich und die Wand. Ich mache »Ksch, ksch« und wedle mit den Armen – und tatsächlich zerstreut sich die Meute wie ein Hühnerhaufen. Da sehe ich erst, was an der Wand steht: »Schwaben raus!«

Ach, echt jetzt! Ich beginne zu kichern. Meine Nachbarin Olga tritt aus der Tür. Olga stammt aus Kasachstan, lebt aber seit ihrem 15. Lebensjahr in Berlin.

»Wat lachhhste?«, fragt sie in ihrer unnachahmlichen Mischung aus Berlinerischem und russischem Akzent.

Ich deute auf das Graffiti.

»Weißt du, Olga, mal davon abgesehen, dass das jetzt wieder eine Elendsarbeit ist, das wegzuputzen. Das ist doch irgendwie total unpoetisch. ›Schwaben raus!‹ Puh, weißt du, ich als Landsmännin von Schiller und Hölderlin fühle mich davon doch gar nicht angesprochen.«

Olga nickt verständnisvoll.

»Der kann ja auch klingeln, wennde rrrauskommen sollst«, kichert sie.

Ich grinse. Das macht Spaß.

»Genau. Und außerdem einen ordentlichen Satz bilden. Subjekt, Prädikat, Objekt. Und etwas höflicher sein. Erstmal Grüß Gott sagen und dann gerne auch bitte und danke.«

Ich hebe die Sprühdose auf und spraye los. Olga beobachtet mich begeistert.

»Also. Grüß Gott, liebe … Schwaben steht ja schon da.«

»Und Schwäbinnen«, ruft Olga.

»Stimmt, so viel Zeit muss sein.«

Ich spraye weiter. Dann halte ich inne.

»Hmm, das ist halt alles so unkonkret formuliert. Raus. Was meint der denn jetzt? Bitte gehen Sie raus …? Fahren, Fliegen? Und wo raus? Aus dem Haus, aus dem Kiez, aus der Stadt? Also, so wird das nix. Das kann er grade nochmal von vorne machen, das ist mir zu viel.«

Olga kichert wieder. Ich schüttle die Dose. Da tippt mir jemand auf die Schulter. Ich drehe mich schwungvoll um und blicke in das strenge Gesicht eines Polizisten.

»Na, wat machense denn da?«

Erschrocken lasse ich die Dose fallen, bücke mich aber reflexartig sofort danach. Ich halte sie dem Polizisten hin.

»Hier, das ist nicht meine. Ich hab das nicht ... da waren vorhin noch lauter Touristen, sind Sie denen nicht grade begegnet? Die haben den auf dem Foto, der das war ...«

Mein Stammeln erstirbt. Der Polizist betrachtet das Graffito.

»Liebe Schwaben und Schwäbinnen«, liest er vor. »Bitte, raus!« Er schaut mich streng an.

»Findste det witzig? Ich nicht, meine Freundin is och da her. So was Rassistisches, echt, das kann ich nicht leiden. Dann mal bitte den Personalausweis, det wird nich billig.«

»Aber ich komm auch da her, ich schwöre.«

Flehentlich blicke ich den Polizisten an. In breitestem Dialekt versuche ich ihm die Geschichte zu erklären, Olga unterstützt mich mit rollendem ›R‹ und aufgeregtem »Kiecke ma!«. Schließlich kommt mir eine Idee. Ich öffne meine Tasche.

»Hier. Ich war grade beim Abendessen bei einer Freundin. Ich hab Kartoffelsalat mitgebracht, schauen Sie doch mal.«

Ich reiße die Tupperschüssel auf und halte dem Polizisten den Rest meines Kartoffelsalats unter die Nase. Er schnüffelt. Dann mustert er mich mit zusammengekniffenen Augen. Schließlich nickt er.

»Riecht genau wie der von meiner Freundin. Na gut, hauense ab.«

Erleichtert schließe ich die Haustür auf. Über die Schulter sehe ich Olga und den Polizisten. Sie schauen auf das Graffiti.

»Diese Schwaben«, murmelt der Polizist. »Alle nicht ganz dicht.«

Olga knufft ihn in die Seite.

»Det is rrrrichtich. Aber ohne die wär's nicht so lustig hier.«

Kreative Misophonie

Gerade habe ich einen »Test« gemacht.

Wenn einen Essgeräusche und Ähnliches sehr stören, ist man laut diesem Artikel vermutlich ein Genie. Zumindest besonders kreativ. Ach, toll! Nicht nur, dass ich dann endlich rehabilitiert bin für meine scheinbare Überempfindlichkeit, nein, ich bin einfach besonders genial. Gefällt mir. Es gibt auch einen wunderbaren Fachbegriff für diese Störung, ah, was sag ich, Eigenheit: Misophonie.

Rund zwanzig Prozent der Menschen »leiden« angeblich daran. Wie der Test ausgeht, ist mir eh schon klar. Der dazugehörige Artikel hätte von mir geschrieben sein können. Ich muss an all die Situationen denken, in denen ich auf Ignoranz und Unverständnis gestoßen bin. Das erste einschneidende Erlebnis dieser Art hatte ich in der Schauspielschule. Im Foyer dort standen einige große Sofas und Sessel, in denen man in den Pausen herumsitzen konnte. Da saß also auch ich. Auf einmal kam Lisa angeschlendert und biss in einen Apfel, als sie zu mir rüberkam. Meine Nackenhaare stellten sich auf.

»Ach, hallo«, rief sie kauend. »Hast du auch Pause?«

Ich nickte und kramte mein Reclam-Heft hervor, um deutlich zu machen, dass ich trotzdem beschäftigt war. Aber Lisa war davon unbeeindruckt. Schwungvoll plumpste sie neben mir ins Sofa und biss wieder krachend in ihren Apfel. Ich war entsetzt. Die ganze Sitzgruppe war frei, und wenn sie schon partout hier essen musste, dann konnte sie sich doch höflicherweise möglichst weit weg von mir setzen. Sie warf einen Blick auf mein Buch.

»Lass dich nicht stören«, meinte sie freundlich. *Meinte* sie bestimmt freundlich, aber ich konnte sie nur fassungslos anschauen, sie und den Apfel in ihrer Hand. Ich versuchte, die Kaugeräusche zu ignorieren, aber sie schienen immer lauter zu werden, und ich spürte, wie eine gewaltige Aggression in mir hochstieg. Schließlich raffte ich meine Sachen zusammen und murmelte: »Muss los.« Ich hab nicht mal den halben Apfel geschafft. Später hab ich meinem besten Freund Piet von dem Erlebnis erzählt, und er schaute mich verständnislos an.

»Hat sich neben dich gesetzt. Okay, und dann?«

»Hat sie weiter in ihren Apfel gebissen, direkt neben mir.«

Grinsend schüttelte er den Kopf.

»Du bist ulkig. Versteh ich nicht, die Geschichte.«

Das ist es. So viele verstehen das nicht. Es gehört einfach in den Knigge aufgenommen und allen vom Kleinkindalter an eingebläut. Meine Mutter, eine unwahrscheinlich kreative Frau im Übrigen, hatte uns schon im zarten Alter immer wieder darauf hingewiesen, dass man sein Essen mit geschlossenem Mund kauen soll. Nicht schmatzen. Bei uns zuhause liefen während des Essens oft Opern im Hintergrund. Eine sinnvolle Idee, die ich in meiner Familie auch eingeführt habe. Bob Marley geht auch. Nach der Apfel-Begegnung mit Lisa ging ich in meine Wohnung und dachte darüber nach. Ich hatte mir ein Brot gemacht und saß allein in der Küche. Ohne Musik. Es war still. Ich schaute auf die Uhr über der Tür. Sie zeigte seit meinem Einzug auf halb drei. Das Ticken hatte mich verrückt gemacht. Zur Probe versuchte ich, den Mund beim Kauen nicht zu schließen. Es schmatzte gewaltig. Ich versuchte, Spaß daran zu haben, aber es gelang mir nicht. Ich fand es unpraktisch, den Mund nicht zuzumachen. Es fühlte sich so an, als könnte das Essen rausfallen – das will man doch weder allein noch in Gesellschaft. Ich seufzte, aß den Rest des Brotes still vor mich hin und dachte über Kant nach. Wie viel einfacher war es, den kategorischen Imperativ zu leben, wenn einen einfach nichts störte. Wenn man mitten in einer Party schlafen konnte, dachte man natürlich nicht daran, leise durch die Wohnung zu trampeln, während deine Mitbewohnerin noch schlummerte. Wer Unterhaltungen über Krampfadern in der Sauna einfach wegblenden konnte, hielt jemanden, der »psst« zischte, natürlich für übertrieben verspannt. Hach.

Immerhin haben mich die Jahre in Berlin ein wenig desensibilisiert. Glaube ich. Bin ich toleranter geworden, oder habe ich resigniert? Eine Zeitlang trug ich immer Ohropax mit mir herum, um mir die Ohren zustopfen zu können. Hervorragend, wenn man nicht fliehen kann, wie zum Beispiel im vollen Zug. Ansonsten versuche ich, mich in mich zurückzuziehen. Ich achte auf ruhige Bauchatmung und harke meinen inneren Zen-Garten. Bestimmte Geräusche können mittlerweile einen wohltuenden Teppich für mich bilden, auf dem ich gut fliegen kann.

Zum Beispiel in meinem liebsten Hipster-Café. Hier sitze ich gerne mit meinem Laptop und schreibe. Denn dann komm ich nicht in Versuchung, noch schnell die Waschmaschine zu füllen oder mich um irgendwelche Korrespondenz zu kümmern, die mich anklagend von der Ablage her anschaut. Die Kaffeemachgeräusche sind toll, das Brummen der Mühle, das Zischen des Milchschäumers, das Klopfen der Kännchen auf dem Tresen. Im Hintergrund mischt sich hervorragende unaufdringliche Musik mit leisen Gesprächen in verschiedenen Sprachen und dem Klackern von Tastaturen. Ich trinke großartigen Kaffee und versinke. Nach einigen Stunden tauche ich befriedigt wieder auf, sehe mich um, bemerke, dass das Wetter, die Gäste und die Baristas mittlerweile gewechselt haben und es Zeit ist, die Kinder abzuholen. Hier sitze ich auch gerade. Plötzlich kracht es neben mir. Ich zucke zusammen und schiele zur Seite. Da sitzt eine Frau und beißt in eine Karotte. Ein Blick zur Bar zeigt mir, dass das

Speisenangebot sich nicht auf Rohkost erweitert hat, sondern nach wie vor aus höchst appetitlichen Cheese- und Carrotcakes, Brownies und veganen Stullen mit Avocados oder Süßkartoffeln besteht. Wieder kracht es neben mir. Ich muss hinschauen. Die Frau puhlt mit ihrer offenbar mitgebrachten Karotte in einem offenbar mitgebrachten Schraubglas, das mit einer gräulichen Paste gefüllt ist. Hä? Ist das hier ein Picknickplatz? Die Bedienungen sehen kurz rüber, sagen aber nichts. Ich wünschte, sie würden es. Mir rollt es nämlich die Zehennägel hoch. Wenn man von mir in Ruhe gelassen werden will, muss man nur Karotten essen. Wären wir jetzt in der Sauna, würde ich tatsächlich was sagen. Sie greift nach einer neuen Karotte, und ich erhasche einen Blick auf die Tüte. Nicht mal bio!

Dann kommt ein junger Typ mit gepflegtem Hipster-Bart und beschlagenen Brillengläsern rein. Die beiden sind wohl verabredet. Strahlend und mit vollem Mund begrüßt sie ihn. Er nickt reserviert und setzt sich gegenüber. In dem Moment vibriert mein Telefon, und ich gehe nach draußen. Als ich wieder reinkomme, ist das Schraubglas verschwunden. Dafür liegt eine aufgerissene Plastikpackung mit Chorizo auf dem Tisch, und die Frau hält eine Avocado in der Hand, die sie genüsslich auslöffelt. Dazwischen schiebt sie sich eine Scheibe Wurst in den Mund. Ein faszinierendes Bild, denke ich. Ob sie eine Art Diät macht? Keine Kohlenhydrate? Der Hipster-Typ schaut gequält. Ich nicke verständnisvoll vor mich hin.

In diesem Café sind alle so zivilisiert und kreativ, deswegen mag ich den Ort auch so gerne. Bestimmt haben die meisten hier Misophonie. Er fängt meinen mitleidigen Blick und hebt unmerklich die Schultern, während sie eifrig und mit vollem Mund auf ihn einplappert. Ich würde ihm gern einen Spaziergang in meinem inneren Zen-Gärtchen anbieten, das ich während der Karotten so schön geharkt habe. Vielleicht würde auch eine positive Bestärkung helfen. Man soll ja immer das betonen, was gut ist, und nicht das Negative. Wenn ich jetzt zum Beispiel zu ihr sagen würde: »Ich finde das ganz toll, dass Sie jetzt etwas Geräuschärmeres als Karotten essen«, würde das vielleicht dazu führen, dass sie solche Manöver zumindest in vollen Cafés in Zukunft sein lässt. Aber ich möchte am liebsten gar nicht mit ihr sprechen. Stattdessen sage ich im Stillen: »Wie schön, dass ich dieser Frau heute zum ersten und einzigen Mal begegnet bin.« Ich hoffe, das Universum hat meine positiv formulierte Aufforderung verstanden.

Ich öffne wieder die Seite mit dem Misophonie-Test. Wie ich es mir gedacht habe, ist das Ergebnis eindeutig – ich bin ein geniales Opfer. Doch am Ende kommt die Ernüchterung. Hier wird angezeigt, wie viele Menschen sich als besonders geräuschempfindlich einstufen und somit in diese Kategorie der Genies gehören: 92 Prozent.

Hm.

Doch dann wird mir klar, warum. Schließlich fühlen sich ja nur die zwanzig Prozent der wirklichen Genies angesprochen, den Test zu machen, plus einiger Möchtegerns, die ihn dann nicht bestanden haben.

Und für solche Erklärungen braucht man übrigens wirklich eine kreative Genialität, Test hin oder her. Ha!

Flohmarkt

»Huch, ein Sofa. Mitten im Park.«

Ich halte mein Fahrrad an. Hab ich jetzt richtig gesehen? Zwischen den Bäumen schimmert es blau. Neugierig komme ich näher. Tatsächlich. Ein blauer Zweisitzer steht verträumt zwischen den Birken. Sieht ganz hübsch aus mit den Sonnenflecken, wie ein Wohnzimmer im Freien. Soll das so was sein? Aber das Sofa ist mit Stoff bezogen, sobald es regnet, ist das doch versaut. Vermutlich ist es Sperrmüll. Das müsste man also abholen lassen oder zum Wertstoffhof bringen.

Ich schüttle den Kopf.

Diese Berliner Schlamper, echt. Also das find ich nicht so gut. In den Dörfern auf der Schwäbischen Alb gab es ein- oder zweimal im Jahr Sperrmüll für alle. Da hat jeder Haushalt dann seinen alten Kruscht auf die Strasse raus gestellt. Und zwar alles ordentlich, man hätte in jeden dieser Haufen praktisch einziehen können, alles war sauber und tipptopp gepflegt, über Generationen hinweg. Diese Haufen waren für uns Kinder magische Orte, in denen man nach herrlichen Schätzen suchen konnte. Unsere Eltern wollten das natürlich nicht. Erstens, weil es sich nicht gehörte, in anderer Leute Sachen zu wühlen, zweitens, weil sie uralte Globen mit den Grenzen von 1870 und Stickbilder mit Hundewelpen nicht als Schatz betrachteten. Also wühlten wir heimlich darin herum, bis das Müllauto kam – oder der Besitzer des Abfalls, der sich beschwerte, dass man seinen Haufen durcheinanderbrachte: »So sieht des doch nix gleich!« Das bedeutet: So sieht das unordentlich aus.

Einen richtigen Flohmarkt gab es einmal im Jahr in der Stadt, in der ich auf das Gymnasium ging. Das war ein Event, denn es war der größte Flohmarkt in Süddeutschland. Frühmorgens um sechs machten wir uns immer auf – und es wuselte schon heftig dort. Die professionellen Schnäppchenjäger hatten ihre Tour schon beendet, noch ehe alle Stände richtig aufgebaut waren. Aber hier konnte man tatsächlich echte Schätze finden. Eine alte Geige, die jemand auf dem Dachboden gefunden hatte, gut erhaltene Matchboxautos oder Mickymaushefte. Laut Kant kann man ja eh nur im Gefühl den Wert der Dinge erfahren, und so ließen sich dort beglückende Erfahrungen machen, wenn etwa eine Hausfrau die alte Nachttischlampe der Schwiegermutter aussortierte und froh war, »des alte Glomp« für einen Zehner loszuwerden. Kindern gab man manchmal etwas mehr als den geforderten Groschen für ihre Comicsammlung, damit sie sich für ihr erstes »Geschäft« wenigstens eine Bratwurst kaufen konnten. Gegen Mittag hatte man sich müde gewühlt und genug Schätze gefunden und steuerte die zahlreichen Fressstände an, wo es Schupfnudeln und Maultaschen gab, und stellte sich zum Ratschen zu seinen Schulfreunden, die den Sperrmüll ihrer Familie loswerden wollten.

Was hab ich mich gefreut, als ich nach Berlin kam! Hier ist ja jede Woche Flohmarkt. Und nicht nur einer, sondern praktisch in jedem Bezirk. Begeistert ziehe ich los. Man findet ja alles. Vom alten Wasserhahn bis zum Kronleuchter aus der Stasi-Villa. Touristenreiseführer preisen den Markt am Tiergarten an, der ist so malerisch und ordentlich zurechtgemacht. Es gibt jede Menge Möbel – ich könnte einen Stuhl brauchen, denk ich mir. An einem Stand sind ungefähr zwanzig unterschiedliche Holzstühle aufgereiht. Ich setze mich zur Probe. Ja, ist bequem. Ich schließe kurz die Augen und drehe das Gesicht in die Sonne. Da stößt mich jemand von hinten.

»Det ist hier aba keen Wartezimmer.«

Ich blinzle den riesigen Mann im blauen Overall an, der sich neben mir aufgebaut hat.

»Ach so«, scherze ich. »Na, dann kauf ich ihn eben. Was wollen Sie dafür denn?«

»Hundertachzig.«

Ich muss kichern. Der ist ja lustig.

»Ah ja, das ist ja ein guter Anfang. Also, für zwanzig nehme ich ihn.«

Leider hat der Overallmann keinen Scherz gemacht und findet mein Angebot auch nicht witzig.

»Det is 'n antiker Bugholzstuhl, willst du mich hier verarschen? Für so wat hab ich keene Zeit. Hier gibt's keinen Ramsch. Mach 'n Abflug, Kleene.«

Verdattert stehe ich auf. Wie kann ich denn ahnen, dass ich mich auf den vermutlich wertvollsten Stuhl auf dem Platz gesetzt habe?

»'tschuldigung«, murmle ich und ziehe weiter. Alles scheint richtig teuer. Und handeln will offensichtlich auch keiner. Das ist doch kein Flohmarkt. Enttäuscht fahre ich nach Hause. Das nächste Mal fahre ich in die andere Richtung, nach Treptow. In den Hallen an der Arena türmen sich Berge von Trödel. Hier ist die Stimmung lustiger, junge Leute schlendern herum, türkische Mamas sortieren sich durch Kinderpullover, ältere Herren feilschen um Staubsaugerrüssel. Alles ist gleich in Massen da. Es gibt keinen Stand, der eine bunte Mischung präsentiert, wie man sie in einem Keller oder Dachboden zusammengesucht hat. Man hat sich spezialisiert. In der einen Ecke gibt es nur Autoradios, daneben stapeln sich Matratzen. Eine Halle bietet nur Elektroschrott, ich mache gleich wieder kehrt und schlendere in die Halle daneben, wo es Kaffeeservices und Klamotten zu geben scheint. In einer Ecke sitzt eine junge Frau in einem Plüschsessel. Sie hat sich aus Kleiderstangen eine kleine Boutique gebaut, neben ihr steht ein wackeliges Tischchen mit einem geblümten Teeservice, auf Regalen stehen Schuhe, Taschen und Hüte neben Kuckucksuhren und Kaffeetassen. Sie hat sogar einen Spiegel und einen kleinen Paravent zum Umziehen. Das sieht sehr gemütlich aus. Ich inspiziere die Kleider. Bonbonfarbene Kostümchen à la Doris Day. Ich ziehe ein giftgrünes Kleid heraus und halte es neben ein knallpinkes. Das Mädchen stemmt sich aus dem Sessel.

»Ah, die sind toll! Würden dir beide dufte stehen, glaub ick. Probier doch mal. Warte, ick mach dir 'ne Umkleide.« Bei näherem Hinsehen ist das Mädchen ein schlanker Typ mit blondem Dreitagebart. Aber das lila Kleidchen steht ihr (oder ihm) hervorragend. Als ich hinter dem Paravent hervortrete, klatscht sie begeistert in die Hände.

»Das ist deins«, ruft sie. »Jetzt noch das Pinke. Ich such dir mal 'ne Tasche dazu.«

Auch das zweite Kleid erntet Beifall. Sie drängt mir eine helle Lederhandtasche auf und blickt zufrieden über meine Schulter in den Spiegel.

»Herrlich.«

Ich fühle mich ein bisschen verkleidet, aber eigentlich gefällt mir das ganz gut.

»Was willst du dafür denn haben?«

Sie wedelt mit der Hand vor meinem Gesicht, als müsste sie eine lästige Fliege verscheuchen.

»Ach, hör mir doch uff, Süße! Det müsst ick dir doch eigentlich allet schenken, so just wie det an dir aussieht. Sagen wir 'n Hunni und gut is.«

Ich schlucke.

Das ist wesentlich mehr, als ich dabeihabe und ausgeben wollte. Vor allem, weil ich nicht sicher bin, ob ich die Sachen tatsächlich tragen werde. Ich schüttle bedauernd den Kopf und fange an, den Reißverschluss aufzuziehen.

»Ja, biste bekloppt oder wat?«, ruft sie. »Das 'n Schnapper, sag ick dir.«

»Ja, sicher, wenn d'meinscht. Aber ich hab net so viel.«

Instinktiv merkt sie, dass ich die Wahrheit sage. Sie bleibt aber freundlich.
»Hmm, wat hätteste denn?«
Ich wühle in meinem Portemonnaie. Insgesamt habe ich noch etwas mehr als dreißig Mark. Aber ich möchte auch noch was essen. Und wer weiß, was ich womöglich noch finde.
»Bloß zwanzig«, murmle ich beschämt.
Die Verkäuferin schnalzt mit der Zunge.
»Tsss, dafür bleibt das Täschchen aber hier, Prinzessin.«
Mit einer blitzschnellen Handbewegung hat sie sich den Zwanziger gegriffen.
Ich stehe noch ganz belämmert da. Sie zwinkert mir zu.
»Komm, freu dich, Püppi. Das sieht wirklich süß aus.«

Gerührt stapfe ich in dem rosa Kleid weiter über den Markt. Nach einigen Metern bin ich von riesigen müffelnden Klamottenbergen umgeben. Langsam nimmt das Gedränge um mich her zu. Als ich mich nach draußen gekämpft habe, merke ich, warum. Es schüttet wie aus Kübeln. In den Hallen scheint es zu dampfen, und draußen breiten die Händler Plastikplanen über ihr Gerümpel. Ich stelle mich an einem Bratwurststand unter. Als der Regen nachlässt, ziehen die Händler die Planen unbeeindruckt beiseite und stellen sich neben ihr aufgeweichtes Zeug. Das spricht mich jetzt nicht mehr so an. Ich stapfe nach Hause.

Ach ja, eine Zeitlang besuche ich weiter die Flohmärkte Berlins. Am Bodemuseum kaufe ich mehrere alte Märchenbücher. Am Mauerpark ein Feuerzeug, das wie ein rosa Telefon aussieht und klingelt, wenn man die Flamme ruft. Aber meistens finde ich nichts. Der Flohmarkt am Mauerpark ist mittlerweile ja auch zu Rummelplatzgröße angewachsen. Hier verkaufen mittlerweile viele Boutiquen oder Jungdesigner ihre Sachen, so dass manch einer meckert, dass man nicht mehr handeln kann. Nein, ich muss es zugeben: Mittlerweile hat der Flohmarkt seinen Zauber für mich verloren. Es ist ein bisschen deprimierend, wenn man sich all den unbrauchbaren Schrott auf den Ständen ansieht und daran denkt, dass die Leute hinter dem Stand den ganzen Kram frühmorgens angeschleppt und aufgestellt haben, um abends wieder mit Kisten voll staubiger Diddelmäuse und kaputter Kassettenrecorder nach Hause zu fahren, mit einem Tagesgewinn von sieben Euro, nach Abzug der Standgebühr. Aber irgendwie ist es auch rührend.

Am Sonntag sind wir zufällig mit Freunden auf dem Spielplatz am Arkonaplatz. Hier ist auch Flohmarkt. Aber ein kleiner. Wir schlendern darüber und entdecken eine Kiste mit zerliebten Schlümpfen. Und kaufen einen für fünfzig Cent. Immerhin nehmen die ihre Sachen dann wieder mit, denke ich. Denn so wie in Berlin andauernd Flohmarkt ist, scheint auch andauernd Sperrmüll zu sein. Das ganze Jahr über. Tatsächlich ist das gar nicht so. Aber die Geh- und Fahrradwege sind dauernd voll mit alten Waschmaschinen, dreibeinigen Sesseln und fleckigen Matratzen. Der Januar ist ein besonders gefährlicher Monat. Man muss nicht nur genau nach unten schauen, um die unter dem Schnee versteckten Hundehaufen zu umgehen, sondern auch regelmäßig den Luftraum über sich scannen. Denn dann schmeißen die Leute ja auch noch ihre Tannenbäume aus dem Fenster. In unserem Haus steht regelmäßig irgendwelcher Kram im Treppenhaus mit einem Schild dran: »Zu verschenken.« Nach einer Weile ist dann tatsächlich alles weg. Meistens im Müll. Jetzt gerade steht unten allerdings eine alte Schaumstoffmatratze. Der Zettel dran ermuntert uns, sie mitzunehmen, weil sie trotz des zerfetzten Bezugs wirklich noch recht gut in Schuss sei. Darunter entspinnt sich nach einigen Tagen ein Dialog unter Nachbarn.

»Wann entsorgen Sie das Ding denn selbst?«

»Wenn ich das Auto wiederhabe.«

»Ach, dann gehört der kaputte Schrank neben dem Papiermüll auch ihnen?«

An diesem Schrank, der seit einigen Wochen im Hof steht, hängt ein Schild: »Wird weggebracht, wenn das Auto wieder da ist.«

»Den können Sie auch gern haben.«

»Nein, danke. Räumen Sie Ihren Müll selbst weg.«

Die letzten Sätze kann man nicht mehr lesen, denn das Papier wird knapp, und so verteilen sich die Worte in Mäuseschrift rings herum und versuchen, mit Pfeilen zusammengehalten zu werden.

Ich überlege.

Die Matratze und der Schrank würden ganz gut zu dem Sofa im Park passen. Ob ich das hier mal anregen soll?

Fasnet vs. Loveparade

»Mama! Ich will ein Frosch sein!«

Mein Sohn hüpft vor mir auf und ab. Ich streiche ihm übers Haar.

»Soll ich dich küssen und schauen, ob es klappt?«

»Nahaiiin. Für Fasching.«

Nach und nach kommen die anderen Kinder aus dem Spielzimmer in der Kita getürmt und plappern auf mich ein.

»Weißt du, ich bin eine Lillyfee.«

»Duuu, weißt du was? Ich bin ein Löwe. Oder ein Feuerwehrmann.«

Da entdecke ich den Aushang am schwarzen Brett: »Faschingsfeier am 13. Februar«.

Moment mal? Das ist doch Aschermittwoch. Ich muss lachen. Diese Berliner, echt! Eine kleine Rebellion gegen die schwäbischen Invasoren, die hier für ihre Kinder den Fasching fordern.

Darunter ist eine Liste mit allen Kindern, und dahinter steht, als was sie sich verkleiden wollen. Jede Menge Lillyfees. Aha. Zu meiner Zeit reichte einfach Prinzessin, denke ich grummelnd. Bei den Jungs steht hauptsächlich »Feuerwehrmann«. Und hinter Bruno-Hugo-Luis steht »Frosch«. Ich wundere mich. Wie kommt er denn darauf? Wir haben zu Hause eine Kiste mit Sachen zum Verkleiden drin. Die Oma hat ihm ein zauberhaftes Ritterkostüm gehäkelt, samt Helm mit Visier, darin sieht er unfassbar niedlich aus. Einen Feuerwehrhelm hat er vom Onkel geschenkt gekriegt, den trägt er sogar beim Abendessen manchmal. Aber ein Frosch? Wie soll ich das denn machen? Wir fahren nach Hause, den ganzen Weg plappert er auf dem Fahrradsitz in meinen Rücken und erzählt, dass alle Kinder sich verkleiden, und die Erzieher auch.

Oh, Mann. Fasching.

Ich bin kein Fan davon, ich geb es ganz offen zu. Ich war sehr glücklich, diesen grässlichen Brauch hinter mir gelassen zu haben, als ich nach Berlin zog. Schaudernd erinnere ich mich an die »Fasnet« zuhause. Sich zu verkleiden, hat mir immer Spaß gemacht. Wir hatten auch eine Truhe, in der Tücher, Krönchen oder goldene Röckchen waren, die meine Mutter uns zum Spielen gemacht hatte. Wir verkleideten uns oft und ausführlich. Im Sommer spielten wir im Naturtheater Hayingen mit, und auch da durfte man sich verkleiden, um in eine andere Rolle zu schlüpfen. Aber Fasching an sich – das ist so sinnlos! Man verkleidet sich, aber dann spielt man nicht Prinzessin oder Matrose, sondern muss irgendwelche Gemeinschaftsringelreihen machen, die man auch in normalen Klamotten machen könnte.

Als ich in die Schule kam, bekam der Horror eine neue Facette. Da wurden die Schüler nämlich »befreit« von den Narren. Nun bin ich im Gebiet der Schwäbisch-Alemannischen Fastnacht groß geworden, da gibt es in jedem Ort eine bestimmte Figur, die irgendwas damit zu tun haben soll, und diese wird dann mit einem aufwendigen Kostüm dargestellt.

Das Ganze nennt sich »Fasnetshäs«. Meistens ist es ein Vieh wie Ziege, Bär oder Katze oder eine Art Teufel oder Hexe. Die Figuren tragen aufwendig geschnitzte Holzmasken. Und diese Masken fand ich als Kind einfach nur furchterregend. Dass sich dahinter die nette Frau aus der Metzgerei oder der sanfte Herr aus der Sparkasse verbargen, konnte mich nicht trösten. Grässlich verzerrte Fratzen sprangen wild herum, glotzten mich aus stieren Augenlöchern an und brüllten seltsame Sprüche: »Hoorig, hoorig, hoorig isch die Katz!«, »Rälleee-huiii!« und Ähnliches.

Von einem solchen Monster gab es dann immer gleich Dutzende, die zusammen rhythmisch hüpften und schrien. Und die fielen nun in die Schule ein. Ich versteckte mich vor Angst unter dem Tisch und verkroch mich dann auf dem Klo, bis ich mich traute, nach Hause zu rennen.

Selbst im Gymnasium kroch ein Schauder an mir hoch, wenn der Gole und seine Schergen rasselnd durch die Räume zogen.

Ich kann an einer Hand abzählen, wie oft ich einen Fasnetsumzug besucht habe, bei dem Dutzende solcher Gruppen durch die Straßen ziehen. Sie werfen zwar auch Bonbons, aber dafür hauen sie einem eine Saubloter auf den Kopf – das ist eine Schweineblase, die zum Luftballon aufgeblasen wurde – oder rammen dir einen borstigen Hexenbesen gegen das Schienbein.

Einmal stand ich versteinert neben meinen Freunden an der Straße. Plötzlich stellte sich ein Zottelvieh mit Glocken am Hals vor mich und brüllte mir etwas entgegen. Ich verstand nicht, was es rief, so verzerrt dröhnte es aus dem geschnitzten Mund. Schließlich fing ich an zu schreien: »Lass mich in Ruhe!« Das Zottelvieh nahm den Kopf ab, und darunter erschien meine Schulkameradin Karin. »Jetzetle, was ischn mit dir? Hosch mi net erkannt?« Ich schüttelte erschöpft den Kopf. Sie haute mir freundlich ihre Saubloter auf den Kopf und zog die Maske wieder übers Gesicht. Ich zog mich in die hinterste Reihe zurück und nahm den ersten Bus nach Hause.

Ich will damit nicht sagen, dass ich diesen Brauch verurteile, das sind ja uralte Traditionen, und es macht vielen Leuten Spaß. Man kann diese Kostüme und Masken auch schön finden, die sind ja liebevoll gemacht und werden gehegt und gepflegt und über Generationen weitervererbt. Für mich verschwindet hinter dieser Verkleidung alles Zivilisierte, ich kann nicht sehen, wer vor mir steht, und habe Angst vor dieser berauschten Masse, die stampft und schreit. Später in Berlin hingegen bin ich in Sicherheit. Hatte ich zumindest gedacht.

»Kommst du mit auf die Loveparade?«, fragt mich eines Tages mein Kommilitone Tom. Wir sind gute Freunde und gehen oft zusammen tanzen.

»Hmm, ich weiß nicht, Techno ist nicht so mein Ding.«

»Das ist anders, das wird dir gefallen, eine riesige Party.«

Wir verabreden uns zum Frühstück in seiner WG, um dann zusammen zum Tiergarten zu ziehen. Als ich ankomme, muss ich lachen. Tom und sein Mitbewohner Stefan haben Glitzertops an und Lidschatten aufgelegt.

»Komm rein«, kichern sie und drücken mir ein Glas Sekt in die Hand. »Willst du dich auch noch ein bisschen verkleiden?«

»Eigentlich nicht. Aber ihr seht gut aus. Das reicht für uns alle.«

Nach dem Frühstück gehen wir los. Es dauert ein bisschen, weil Stefan sich in enorme Plateauschuhe zwängt und etwas wackelig auf den Beinen scheint.

»Bist du sicher, dass du das anziehen willst?«, frage ich ihn besorgt. »Und wenn du umknickst?«

Er winkt ab und stöckelt konzentriert weiter.

Je näher wir der Parade kommen, umso öfter begegnen wir verkleideten Menschen. Alle Outfits haben eine gewisse Ähnlichkeit, das »Loveparade-Häs«, denke ich belustigt. Neonfarbene Puschel als Westen, Hosen oder Kopfschmuck, Plateauschuhe und Sonnenblumen. Bald ist die Straße überfüllt, große Trucks schieben sich an uns vorbei, aus denen die Technobeats wummern. Um mich her zucken die bunten Menschen und fangen an, in Trillerpfeifen zu blasen. Ich versuche, mitzuzucken, aber nach einer Weile gebe ich auf. Ohne Plateauschuhe bin ich noch kleiner als sonst schon, und habe praktisch nur verschwitzte Achseln vor der Nase. Die Trillerpfeifen machen mich fast taub. Das ist doch auch alles Fasnet, denke ich. Berauschte Menschen in seltsamen Klamotten, die enthemmt tanzen und schreien und zu einer unappetitlichen Masse verschmelzen. Ich winke Tom und Stefan, die sich ekstatisch biegen, und mache mich auf den Weg zur S-Bahn. Auf dem Weg halten mich drei Jungs in lila Gymnastikanzügen auf.

»Sag mal, wo gibt's denn hier 'n Ticket?«
»Na, da vorne, an der S-Bahn, da gibt's einen Automaten.«
»Nee, 'n *Ticket*.«
»Ja, am Automaten wie gesagt. Oder was meinst du?«
Die drei kichern.
»LSD, Puppe.«
»Ach so. Ähm, das weiß ich leider nicht.«

Ich habe die Loveparade nicht wieder besucht und vermisse das Event auch nicht. Mottopartys finde ich auch anstrengend. Den Karneval der Kulturen kann ich gelten lassen – wenn ich bei Freunden eingeladen bin, bei denen man vom Balkon aus auf den Umzug schauen kann. Da gibt es Sambatänzerinnen, Capoeira-Gruppen und chinesische Drachen, und an den Rändern Stände mit Caipirinha.

Jetzt hat sie mich also wieder eingeholt, die Fasnet, denke ich brummig, als ich mit meinem fröhlich plappernden Sohn die Treppen hochsteige.

»Sag mal, Bruno-Hugo-Luis, wie wär es denn, wenn du als Clown gehst? Da ziehst du die karierte Schlafanzughose an und ein Ringelhemd, und ich mal dir eine rote Nase, wie findest du das?«

»Nee, ich will ein Frosch sein.«

Also ziehe ich am nächsten Tag durch die Bastelgeschäfte, um etwas zu finden, aus dem man ein Froschkostüm basteln kann. Leider kann ich nicht nähen. Wie gerne würde ich im Handumdrehen ein zauberhaftes Kostüm entwerfen und über Nacht an der Nähmaschine sitzen wie die Mütter in amerikanischen Serien. Schließlich nehme ich eine grüne Baseballkappe mit, weiße Styroporbälle, ein goldenes Krönchen und weichen Filz in verschiedenen Grüntönen.

Ich klebe die Bälle auf die Mütze und male Augen drauf, nähe das goldene Krönchen oben fest und schneide aus den Filzstoffen eine Art Umhang zurecht, der sich mit zwei Knöpfen befestigen lässt. Ich bin hochzufrieden mit mir. Zusammen mit seiner grünen Trainingshose wird das perfekt aussehen.

»Bruno-Hugo-Luis«, sage ich beim Frühstück, »weißt du, was heute ist? Heute ist Fasching in der Kita, und du darfst dein Frosch-Kostüm anziehen.«

»Will ich nicht«, mault er.

Ich erstarre.

»Willst du stattdessen doch ein Clown sein oder ein Ritter?«

»Nein.«

»Gut. Und das Gesicht anmalen auch nicht?«

»Doch.«

»Was sollen wir denn malen?«

»Einen Frosch.«

Irritiert gehe ich mit ihm zum Badezimmerspiegel, um ihm einen breiten roten Mund zu schminken. Bruno-Hugo-Luis darf sich mit dem Schwämmchen grüne Farbe ins Gesicht tupfen und sieht nun aus wie eine Fleckenkröte. Ihm gefällt es so gut, dass er begeistert zu seinem Froschkostüm hüpft.

»Doch der ganze Frosch?«, frage ich vorsichtig.

Er nickt strahlend.

Vor dem Gruppenraum der Kita treffen wir Kasimir-Nepomuk und seine Mutter Pia. Er trägt eine braune Strumpfhose und einen gelben Pulli. Im Gesicht hat er einen schwarzen Schnurrbart, der schon ein wenig verschmiert ist, weil er sich immer wieder zwischen die Beine seiner Mama bohrt. Etwas hilflos hält sie eine Art Mütze auf braunen und gelben Wollfäden in der Hand.

»Hallo Kasimir-Nepomuk, du siehst ja toll aus«, sage ich aufmunternd. »Bist du ein Löwe?«

Erstaunt schielt er zwischen den Knien hervor und nickt. Pia atmet auf.

»Na komm, dann setzen wir noch die Mähne auf.«

»Nein, ich will nicht.«

»Ich will das auch nicht aufsetzen«, sagt Bruno-Hugo-Luis plötzlich und zerrt die grüne Baseballkappe vom Kopf.
»Das ist ja ein niedlicher Frosch«, sagt Pia. »Sogar mit Krone. Dann bist du ja der Froschkönig.«
»Nein.«
Die beiden Jungs grinsen sich an. Pia und ich grinsen mit.
Plötzlich nimmt Bruno-Hugo-Luis Kasimir-Nepomuks Mutter die Mähnenmütze aus der Hand und setzt sie auf.
»Cool, ein Löwenfrosch«, sage ich.
Da schnappt sich Kasimir-Nepomuk die Froschkappe und stülpt sie auf seinen Kopf.
»Und ein Froschlöwe.«
Zufrieden marschieren die beiden in den Gruppenraum.
»Viel Spaß!«, rufe ich ihnen nach und murmle dann leise: »Boah, Fasching.«
Pia nickt. »Aber echt.«

Helikoptern

»Könnt ihr vielleicht ein bisschen leiser sein? Die haben doch Musikstunde da drinnen.«

Ich halte erschrocken inne. Jetzt hab ich es doch gesagt. Seit fast einer Stunde sitze ich hier im Vorraum der Musikschule und spiele mit Wikipedia. Normalerweise gehe ich, während Bruno-Hugo-Luis da musiziert, mit ihr einkaufen oder ein Stück Kuchen essen oder zum Spielplatz, aber heute ist das Wetter scheußlich, und wir sind beide verschnupft, so dass ich Dinkelstangen, Bananen und Tee mitgenommen habe und mit ihr Bilderbücher anschaue. Einige andere Mütter sitzen auch auf den unbequemen Stühlen und lesen oder unterhalten sich. Ein paar Geschwisterkinder zappeln dazwischen herum und warten wie wir darauf, dass die Musiker wiederkommen. Die meisten spielen relativ leise etwas. Schließlich hängt am Eingang ein Schild, auf dem steht, dass man ruhig sein soll, um den Musikunterricht nicht zu stören. Diese Jungs sind mir schon am Anfang unangenehm aufgefallen. Sie reden in einer Lautstärke miteinander, als stünden sie in einem tosenden Sturm, gegen den sie anschreien müssen. Den daneben sitzenden Müttern scheint das nicht aufzufallen. Ich schnaufe heimlich ins dritte Auge und versuche, sie auch zu überhören. Jungs in dem Alter haben ja so viel Energie, die muss ja irgendwohin, gell. Und ich will mich nicht einmischen. Es wäre ja Sache der Mütter, da was zu sagen. Wobei ... Ich beginne, darüber nachzudenken. »Man braucht ein ganzes Dorf, um ein Kind zu erziehen«, heißt es in einem afrikanischen Sprichwort, aber bei mir auf dem Dorf in Schwaben galt das auch. Das heißt, vielleicht hätte man nicht unbedingt das ganze Dorf dazu gebraucht. Aber eingeladen, mitzuerziehen, fühlte sich eigentlich jeder.

»Ja, sag amol, kann ma net doa wie d'Leut?« heißt so viel wie: »Weißt du nicht, wie man sich benimmt?« Wenn man so was von irgendwem zu hören bekam, dann kriegte man rote Ohren und hörte auf mit dem ungebührlichen Benehmen – oder verzog sich irgendwohin, wo es niemand mitbekam.

Meine Eltern waren in vielerlei Hinsicht sehr liberal, wir mussten nicht um eine bestimmte Uhrzeit zu Hause sein und Samstagsabends mitten beim schönsten Spiel in die Badewanne. Manchmal war uns diese Freiheit vor unseren katholisch-schwäbischen Spielkameraden fast peinlich. Diese seltsamen Regeln hatten einen exotischen, etwas gruseligem Reiz, so dass wir uns manchmal selbst etwas ausgedacht haben, einfach, um zu hören, wie es klingt, wenn man selber sagt: »Hey, du darfst mich nicht nass spritzen, ich krieg sonst geschimpft, wenn ich so heimkomm.« Als ich älter wurde, hatte ich manchmal keine Lust, »auf den Tanz« zu gehen, und sagte zu meinen Eltern: »Ich sag, ihr lasst mich nicht, okay?«

Wiederum gab es bei den Nachbarn ganz oft Limo und eine Schleckschublade, aus der sich die Kinder bedienen durften, und, was fast noch toller war, sie durften alle möglichen Fernsehsendungen anschauen. Das durften wir nicht. Süßigkeiten gab es nur ausnahmsweise und Fernsehen höchst selten, und nur Sachen, die meine Eltern abgenickt hatten – Hans Moser-Filme zum Beispiel. Der Schlaf anderer Leute war unbedingt zu achten. Mein Vater arbeitete oft die Nacht hindurch und hatte sich angewöhnt, Mittagsschlaf zu halten. Wenn dann genau in dem Moment jemand in der Nähe unseres Hauses den Rasen mähte, konnten wir ein eindrucksvolles Donnerwetter miterleben. Das konnte auch uns treffen, wenn wir aus Versehen genau vor der Schlafzimmertür Wettrennen spielten. Es gab gewisse Regeln, dass man sich so verhalten sollte, damit man niemandem schadete. Abgesehen davon vertrauten uns unsere Eltern sehr, und so fehlte uns einfach der Grund zur Rebellion. Sie konnten aber natürlich auch sicher sein, dass uns andere Leute Bescheid sagen würden, wenn wir ihnen auf den Wecker gingen. Ich glaube, Rücksicht, Neugier und Toleranz, das sind mit die wichtigsten Dinge, die sie uns beigebracht hatten. Wir durften alle Fragen stellen und bekamen immer eine ernsthafte Antwort. Wenn wir meckerten, dass es bei anderen Familien anders zuging, zuckten sie nur mit den Schultern und sagten: »Bei uns ist es aber so.«

Jetzt hab ich selber Kinder, die ich natürlich optimal erziehen will. Sie sollen immerzu glücklich sein, sich geliebt und ernstgenommen fühlen, sich dabei höflich und rücksichtsvoll benehmen, neugierig und kreativ durch die Welt gehen. Wie soll man das machen? Helikopter, Slow-Parenting, Autoritär oder anti? Soll man seinem Kind schon im Säuglingsalter Vorträge darüber halten, dass es vernünftiger ist, nicht in Steckdosen zu fassen, oder einfach immer wieder laut Nein rufen und die Hand wegziehen? Und wenn ich mich für einen Erziehungsstil entschieden habe – wie bringe ich dann meiner Umwelt bei, sich dem anzupassen? Bei der Suche nach einer Kita lese ich mich durch die verschiedenen Konzepte. Montessori und Waldorf sagt mir was. »Hilf mir, es selbst zu tun« und »Namen tanzen« fällt mir dazu ein. Ein Reggio-Kindergarten ist wie ein italienisches Dorf aufgebaut, weil der Raum der dritte Erzieher ist, und bei Freinet übernehmen die Kinder die Regie über ihre Entwicklung.

Hm. Ich war in einem katholischen Kindergarten. Das war der einzige, den es gab. Die Leiterin war eine strenge Schwester in schwarzweißem Ornat. Mich faszinierten vor allem die silberne Marienbrosche am Hals und die Haube mit dem Schleier. Erstere bohrte immer in den Hals der Schwester, und Letztere klemmte ihre Ohren ein. Ich dachte mir damals, dass sie sicher deswegen so schlecht gelaunt war, weil sie immer was drückte. Und dass sie das dann an den Kindern ausließ – nämlich an deren Ohren. Wer nicht folgte, wurde daran gezogen. Ganz schön krass eigentlich. Heute würde sie von einer Hundertschaft wütender Helikoptermütter aus dem Prenzlauer Berg gejagt für ihre rabiaten Methoden. Obwohl, vielleicht könnte an den Ohren ziehen als Erziehungsmaßnahme schon wieder schick werden – man müsste es nur anders nennen: »Taktile auriculare Stimulation« beispielsweise oder – um für alle verständlich zu sein – »Earlobing«. Am Ohr sind ja jede Menge Akupressurpunkte, da muss man halt den richtigen treffen. Aber das kann man dann in Kursen üben, gleich nach dem Baby-Pilates.

Ach, was wurden wir verhunzt in unserem Kindergarten! Wir sangen lauter rassistische Lieder über die Chinesen, die es schwer, schwer, schwer haben, oder den Negerkönig aus Afrika mit goldenen Ringen und roter Zipfelmütze. Mittags wurde gebetet, und wer besonders fromm dabei aussah, bekam den Rosenkranz der Schwester in die Hand gedrückt. Erst spät habe ich begriffen, dass ich davon ausgeschlossen wurde, weil ich nicht katholisch war. Dabei stand ich so fromm da wie ein Heiligenbildchen.

In der Kita sollen unsere Kinder heute jedenfalls optimal erzogen werden, individuell gefördert, sensibel gefordert. Manchmal verliert man dann aus den Augen, was gerade am wichtigsten ist ... die Kinderyogastunde auf Mandarin oder richtig mit Besteck essen können?

Ich ertappe mich dabei, dass ich mich und meinen Erziehungsstil andauernd selbst infragestelle und gleichzeitig die anderen Mütter um mich her bewerte. Je nach Tagesform komme ich oder die anderen dabei besser weg. Es ist einfach nicht so leicht zu wissen, was wirklich richtig ist. Wenn dein Kind an der Supermarktkasse brüllt, weil es ein Überraschungsei will, und sich kreischend auf dem Boden rollt, darf man dann »Nein und Schluss!« brüllen? Soll man versuchen, es sanft zu diskutieren, oder kauft man so ein Ding einfach um des Friedens willen? Bei den Überraschungseiern kann man übrigens immer sagen: »An Ostern kriegst du eins.«

Vermutlich funktioniert das so lange, bis die Kinder schnallen, dass Ostern nur einmal im Jahr ist. Mir tut jede Mutter leid, deren Kind sie in einem öffentlichen Raum anbrüllt. Denn sie kann nur verlieren. Egal, was sie tut, es wird das Falsche sein. Irgendjemand, ach was, praktisch *jeder* ringsum könnte ihr sagen, wie sie es besser machen sollte. Ich weiß, ihr tut euer Bestes, Mädels! Obwo-

Lautes Johlen reißt mich aus meinen Gedanken.

Manche Kinder sind ja wohl echt unmöglich! Ich hab doch eben schon gesagt, dass hier Musikunterricht ist. Die Jungs singen lautstark ein Lied. Ich schiele zu den Müttern rüber und sehe, dass sie zu mir schielen. Ach nee! Jetzt schauen sie, ob ich ihre ungezogenen Bengel nochmal zurechtweise.

Meine Ohren werden rot.

Die schauen mich an, als wäre ich eine reaktionäre Spießerin. Die eine Mutter sagt laut: »Matthieu, psst, du musst hier doch leise sein!« Dabei sieht sie ihre Freundin vielsagend an. Na klar. Das ging an meine Adresse. Jetzt werde ich sauer. Sollen sie doch froh sein, wenn ich dabei helfe, dass ihre Kinder keine sozialen Analphabeten bleiben.

Überhaupt. Wer mit Mitte vierzig rumläuft wie ein sechsjähriges Mädchen in Bullerbü, soll mal schön die Luft anhalten. Spontan beschließe ich, ab jetzt einfach den Mund aufzumachen. Ich will schließlich in zwanzig Jahren nicht von Erwachsenen umgeben sein, die einander ständig ins Wort fallen und sich brüllend am Boden wälzen, wenn ich beim Bäcker vor ihnen das letzte Croissant kaufe.

Plötzlich öffnet sich die Tür des einen Musikraums, und ein Dutzend Kinder wuselt heraus. Der Kurs der Älteren ist um. Die Mütter stopfen ihre Kinder in die Klamotten. Ein Mädchen mit strähnigem Haar und verfilztem Schafswollpulli schlurft mit einer Banane an mir vorbei.

»Mach den Mund zu beim Kauen«, sage ich. »Schmatzen ist unappetitlich.«

Befriedigt sehe ich, wie die Mutter des Kindes empört nach Luft schnappt. Ich schaue sie herausfordernd an, und sie senkt den Blick. Das hat richtig gutgetan. Voller Eifer sehe ich mich um, ob ich noch jemandem bei der Erziehung unter die Arme greifen könnte. Ein Junge hat sich auf den Boden geworfen.

»Ich will meine Schuhe nicht anziehen!«

Die Mutter kniet neben ihm.

»Sei lieb, dann kriegst du auch ein Süßi.«

Sie zieht eine Fruchtsnacktüte hervor. Dieses Fruchtmus zum Auslutschen ist ja meine ganz persönliche Herausforderung. Die »Frechen Freunde« sind das Sunkist der Prenzlmutter. Apropos Sunkist. Kennen Sie das noch? Ich kriegte das nie. Zu viel Zucker und zu viel Verpackungsmüll, sagte meine Mutter und blieb konsequent. Diese Fruchtmustütchen sind ähnlich. Natürlich ist was Gesundes drin, aber die zwei Löffel Bioapfelmus stecken in einem aufwendigen Plastikpäckchen mit Schraubverschluss. Die Kinder stehen natürlich drauf und quengeln danach. Aber dieses Ökobewusstsein hat mir meine Mutter gut eingepflanzt. Ich bringe es nicht über mich, diesen unnötigen Müll zu kaufen. Einerseits verachte ich alle, die es tun. Andererseits beneide ich sie. Im Nu sind die Kinder zufrieden – und essen dabei noch Obst. Trotzdem. Während der Junge die Tüte auslutscht, zieht sie ihm die Schuhe an. Dann trägt sie die Packung zum Mülleimer.

»Machen Sie es doch wenigstens in den gelben Sack«, sage ich freundlich.

Sie zuckt zusammen und sieht mich aus zusammengekniffenen Augen an.

»Was geht Sie das an?«, erwidert sie lahm und stopft die Tüte dann doch in ihre Tasche.

So. Die wird das Zeug auch nicht mehr mit ruhigem Gewissen einkaufen. Wem kann ich noch helfen?

Zwei Geschwister rangeln um eine Mütze.

»Ditte is meine.«

»Jarnüscht. Mann, kiek doch ma!«

»Was schwätzt ihr denn da für einen Kruscht? So versteht euch doch kein normaler Mensch«, mische ich mich ein. Da baut sich eine Frau vor mir auf.

»Wat denn? Wir sind imma noch in Balin, ja? Wat reden Sie denn überhaupt für 'ne Sprache?«

»I? Äh, ich? Öhm.«

Besuch von der Alb

Meine Schwester kommt zu Besuch.

Sie kommt mit ihrem Mann und ihren Kindern. Es ist toll, Besuch zu bekommen, dadurch sieht man so viele Dinge in der eigenen Stadt, die man sonst verpasst. Also stöbere ich in den Veranstaltungstipps herum. Wie lang hat es gedauert, bis ich endlich in der Kuppel vom Reichstag spaziert bin. Die Standardausrede: Kann man ja immer noch machen. Oder in die vielen Museen gehen, immer wieder eine tolle Ausstellung hier oder da – aber jeden Tag endlos lange Touristenschlangen. Na ja, die geht ja noch zwei Monate, dann geh ich eben später rein. Schwups, hat man wieder was verpasst. Ich müsste auch mal wieder ins Theater gehen oder in ein Konzert, am Ku'damm hat dieser neue japanische Laden aufgemacht, den will ich mir mal anschauen ...

Ich bin eine Schieberin.

Aber jetzt kommt ja Besuch, und dem will man was bieten. Endlich lerne auch ich die Stadt wieder kennen, anstatt hier nur zu wohnen. Ich wühle mich durch die Angebote von »Berlin mit Kindern« und streiche mit einem Marker an, was ich interessant finde. Am Ende ist das Heft rosa, und ich kann mich nicht entscheiden. Gut, in den Zoo müssen wir nicht unbedingt, einen Zoo gibt es auch in Stuttgart. Außerdem ist Knut ja eh tot und war davor die meiste Zeit kein niedlicher weißer Knäuel, sondern ein schmuddelig-gelber großer Eisbär. Aber ins Technikmuseum. Da gibt es auch eine Kinderführung, ich melde uns mal an. Vorher können wir ja das neue Bikini-Haus anschauen und in den japanischen Klamottenladen. Und danach was Leckeres essen, da gibt es ja zahllose Möglichkeiten: Japanisch, Indisch, Mexikanisch. Ich möchte den Besuchern aus Schwaben gern was bieten, was man nur hier kriegen kann.

Endlich sind sie da. Und haben einen Parkplatz gefunden. Gemeinsam schleppen wir alle Taschen nach oben.

»Ich dachte, ihr wollt hier auch shoppen gehen. Hascht du eure ganzen Schränke mitgebracht?«, frage ich scherzhaft. Meine Schwester schüttelt entrüstet den Kopf.

»In der einen Tasche isch Xenia-Adelheids Bettzeug, darin schläft sie einfach am besten.«

»Stellt doch alles erstmal ab. Habt ihr Hunger? Wir könnten was essen gehen oder Sushi hierher bestellen. Ich könnt ein Curry machen oder Teriaky-Lachs. Worauf habt ihr denn Lust?«

Meine Schwester strahlt mich an und deutet auf eine der riesigen Taschen.

»Alles gut, mir hend ganz viel dabei.«

Sie zieht den Reißverschluß einer großen Kühltasche auf und fängt an, auszuräumen: Maultaschen, Landjäger, Schupfnudeln, noch mehr Maultaschen. Ich bin überwältigt und muss zugeben, dass ich mich über die ganzen Leckereien aus der Heimat freue. Aber den Besuchern hätte ich gerne etwas Exotischeres geboten. Ach, was soll's, dazu ist ja immer noch Zeit. Wir futtern uns glücklich und besprechen dann, was wir unternehmen wollen.

»Also, ich find ja das Pergamonmuseum immer toll, aber da waren wir ja schon mal drinnen. Ich hab uns jetzt mal zu einer Kinderführung im Deutschen Historischen Museum und im Technik-Museum angemeldet, morgen und übermorgen. Dann können wir vorher schön shoppen gehen und was essen, was meint ihr? Und am Sonntag auf den Flohmarkt im Mauerpark, da gibt's auch Karaoke.«

»Ich will zu Madame Tussaud's«, sagt mein Neffe Robin-Legolas kauend.

»Ich auch«, quiekt seine Schwester Xenia-Adelheid. »Da steht der Typ von ›Fack ju Göthe‹ drin.«

Ich werfe meiner Schwester einen Blick zu. Ist das ernst gemeint? So Touristenkram wollen die machen? Ich versuche zu scherzen: »Na, dann können wir ja noch den Fernsehturm hochfahren und in den Sightseeing-Bus einsteigen.«

Tja, Witzle g'macht, koiner g'lacht, könnte man sagen. Alle nicken begeistert.

»Super Idee.«

Ich zucke mit den Schultern. Na gut, dann machen wir das eben. Aber ins Historische Museum auch. Das ist doch nun wirklich interessant. Ich mache einen genauen Plan, wonach wir um zehn Uhr in den Hop on – hop of – Sightseeing-Bus einsteigen. Das ist doch ein ganz schöner Einstieg, da bekommt man einen Eindruck von der Stadt und kann sich vielleicht noch Sachen merken, die man sich später genauer anschauen will. Dann steigen wir beim Berliner Dom aus und gehen zum Historischen Museum zu unserer Führung. Wir lassen den ersten Abend gemütlich ausklingen und kuscheln uns erwartungsfroh in unsere Betten – auch Xenia-Adelheid.

Am nächsten Morgen wird ausgiebig gefrühstückt. Bruno-Hugo-Luis ist ganz aufgeregt über den Besuch seiner Cousinen und seines Cousins und möchte am liebsten die ganze Zeit spielen. Bereitwillig lassen sich die Kinder mit ihm um ein Puzzle nieder.

»Hallo, wir wollen jetzt frühstücken«, mahne ich. »Wir müssen ja bald los, sonst kriegen wir den Bus um zehn nicht.«

»Ach, lass sie doch«, sagt meine Schwester entspannt. »Wir haben ja Ferien. Der Bus kommt ja alle zwanzig Minuten.«

Ich willige ein, schaue aber immer wieder heimlich auf die Uhr und passe meinen Tagesplan dem wandernden Zeiger an. Es dauert noch eine Stunde, bis alle gewaschen, satt und angezogen sind, und wir endlich gehen losgehen können.

»Also, ich bin mir jetzt nicht sicher, ob es sinnvoll ist, wenn wir zum Checkpoint Charlie fahren, um in den Bus zu steigen. Vielleicht ist es besser am Alex«, überlege ich.

»Ach komm, jetzt hast du das so schön geplant für uns, jetzt machen wir das auch so. Auf zum Checkpoint Charlie.«

Ich versuche, entspannt zu lächeln, aber innerlich bin ich ganz unruhig. Ich rechne. Das schaffen wir doch nie. Ach, vielleicht ja doch. Munter scheuche ich alle in die Bahn.

»Halt. Wir haben noch keine Fahrkarte«, ruft meine Schwester.

»Jessas. Alle raus, schnell.«

Hektisch scheuchen wir die Kinder aus der Bahn und sammeln uns am Fahrkartenautomaten. Nach einigen Überlegungen entscheiden wir uns für das Gruppentagesticket. Ich atme auf. Auf die fünf Minuten kommt es jetzt ja auch nicht mehr an, und die nächste Bahn kommt ja gleich.

»Wann kommt denn der nächste Zug?«, fragt mich Xenia-Adelheid.

»Schau, da auf der Anzeige kannst du es sehen, da werden die Minuten angezeigt bis … ach, du liebe Zeit.«

Auf der Anzeige blinkt eine 18. Der Fließtext darunter erklärt, dass es zurzeit zu Unregelmäßigkeiten im Zugverkehr kommen kann.

»Ich muss Pipi«, ruft Bruno-Hugo-Luis.

Ach das noch. Aber ist ja egal, wir müssen ja eh warten.

»Ich geh mit ihm raus und drüben in dem Café aufs Klo, ihr wartet hier«, schärfe ich den Verwandten ein. »Oder muss von euch auch jemand?«

Alle schütteln den Kopf.

»Sicher?«

»Ja.«

Als ich mit Bruno-Hugo-Luis zurückkehre, sehe ich eine U-Bahn. Dabei haben wir höchstens zehn Minuten gebraucht!

»Schnell«, ruft mir Robin-Legolas entgegen: »Da ist eine Bahn!«

Wir hasten die Treppe hinunter. In dem Moment schließen sich die Türen.

»Mist«, keuche ich. »Tut mir leid.«

»Macht doch nix«, tröstet mich meine Schwester. Dann blickt sie sich hektisch um.

»Wo ist Xenia-Adelheid? Isch die in die Bahn nei? Um Gottes willen.«

»Xenia-Adelheid!«, brüllen wir alle voller Schreck und laufen den Bahnsteig auf und ab.

Ich entdecke sie neben dem Fahrstuhl. Grinsend legt sie einen Finger auf den Mund, aber ich schüttle den Kopf.

»Des isch net witzig, Xenia-Adelheid. Mir hend uns voll verschrocken.«

Wir nehmen uns jetzt alle an den Händen und warten auf die nächste Bahn. Als wir am Checkpoint Charlie aussteigen, ist es fast Mittag.

»Da drüben ist die Bushaltestelle«, sage ich und schaue auf die Uhr. »Ach toll, und der nächste Bus kommt gleich.«

»Ich hab Hunger«, meldet sich Xenia-Adelheid. »Hand mir was dabei?«

Ich nicke und greife nach meinem Rucksack. Das heißt, ich will danach greifen, aber …

»Ich hab den Rucksack stehen lassen«, fluche ich.

»Wo?«, fragt meine Schwester. »Beim Pinkeln oder in der U-Bahn?«

Es fällt mir nicht ein.

»Vielleicht wird er ja irgendwo abgegeben«, tröstet sie mich. »Gut, dass der Geldbeutel nicht drin war.«

Das stimmt natürlich. Vielleicht freut sich ja heute ein Obdachloser über die Äpfelchen und Butterkekse.

»Komm, dann holen wir dir da drüben was«, sagt mein Schwager und deutet auf den Starbucks an der Ecke. »Will sonst noch jemand was?«

Alle Kinder sind begeistert. Meine Schwester lacht.

»Ach, weißt du was? Dann hol ich mir auch noch einen Kaffee da.«

»Aber der Bus ...«, stammle ich hilflos.

In diesem Moment biegt er um die Ecke.

»Kommt ja wieder oiner«, tröstet mich mein Schwager.

Ergeben trotte ich mit den anderen ins Café. Ausgerechnet Starbucks. Ich wäre lieber mit ihnen in eines der netten Cafés im Prenzlauer Berg gegangen, wo man selbstgebackene Köstlichkeiten und liebevoll gebrühten Kaffee bekommt. Aber das hätte ja noch länger gedauert. Frisch gestärkt stapfen wir eine Viertelstunde später zur Bushaltestelle und steigen tatsächlich in den Bus ein. Und finden gemeinsame Plätze ganz oben. Ich entspanne mich. Jetzt können wir endlich ein bisschen Berlin genießen. Und ich muss zugeben, dass es ganz interessant ist, so eine Stadtführung. Plötzlich ruft Xenia-Adelheid: »Ich muss mal.«

Meine Schwester stöhnt: »Hätte dir das nicht vorhin im Café einfallen können? Kannst du noch warten?«

Die Kleine schüttelt entschieden den Kopf.

»Nein, ich muss *jetzt*. Pipiii.«

Gleich kommt die nächste Haltestelle. Wir schnappen alle Kinder und Taschen und stürmen nach draußen.

»Hier ist ein Café, da gehen wir rein«, ruft meine Schwester und zieht Xenia-Adelheid mit sich. »Muss noch jemand? Vielleicht vorsichtshalber?«, frage ich.

Meine Schwester kommt zurück.

»Hat mir mal einer fünfzig Cent, die lassen uns sonsct nicht aufs Klo. Glaubsch des?«

Ich krame mein Portemonnaie hervor.

»Des find ich allerdings auch net gut. Man kann doch einem Kind net die Notdurft verweigern! Kommet, dafür gehen wir da älle nauf.«

Ich scheuche die Kinder in das leere Café, knalle eine Münze auf den Tresen und zische: »Einmal Pipi machen für kleine Kinder, bitte.«

Die Bedienung öffnet kurz den Mund, nach einem Blick auf

mein Gesicht schließt sie ihn aber schnell wieder und deutet auf einer Tür in der Ecke.

»Oh nein, zu spät«, jammert Bruno-Hugo-Luis, »ich hab mich eingepullert.«

Robin-Legolas kriegt einen Lachkrampf. »Eingepullert! Des klingt ja witzig.«

Fast muss ich mitlachen. Da fällt mir ein, dass die Wechselklamotten, die ich vorsorglich eingepackt habe, im verschwundenen Rucksack liegen. Verflixt. Ich schaue mich um. Wo sind wir denn eigentlich ausgestiegen? Ach, am Ku'damm. Erstaunlich, hier sieht es ja immer noch so aus wie vor zehn Jahren. Ich war ewig nicht mehr hier. Wir beschließen, für Bruno-Hugo-Luis frische Hosen zu kaufen und dann weiterzufahren. Hier in der Nähe muss doch dieser neue japanische Laden sein. Tatsächlich. Ich treibe die Meute in das Kaufhaus und suche frische Sachen für meinen Sohn zusammen, bezahle und ziehe ihn gleich um. Die Verkäuferin schaut konsterniert, als ich sie um eine Plastiktüte für die nasse Hose bitte, aber hier gilt japanische Höflichkeit, und sie sucht mir wortlos etwas heraus. Nun muss ich nur meine Familie wiederfinden. Das ist gar nicht so leicht. Meine Schwester und die Mädchen stehen bei den bunten leichten Jacken.

»Des sind ja praktische Kittele, guck, da gibt's sogar ein Täschle dazu, dann kann man's ganz klein einpacken. Also, so welche nehmen wir.«

Auch ich bin sehr begeistert von den Kittele, und wir probieren uns durch alle Modelle. Dann gehen wir die Jungs suchen und finden sie schließlich vor dem Eingang, wo sie mit einer alten Dose herumkicken.

»Wollt ihr nicht auch so ein tolles Kittele?«, fragt meine Schwester.

Die beiden zucken die Achseln. Aber wir sind überzeugt und schleppen sie zurück in den Laden. Endlich sind alle eingedeckt. Ich schaue auf die Uhr.

»Wenn wir uns beeilen, schaffen wir es noch zu der Führung.«

Die Kinder ziehen die Nase kraus. »Können wir erst was essen?«

Das stimmt natürlich, eigentlich ist Essenszeit. Ich hole mein Smartphone raus und google.

»Gut, gleich hier ums Eck gibt es einen Asiaten. Habt ihr Lust auf eine Pho? Oder Sushi?«

»Ja, Sushi«, kräht Bruno-Hugo-Luis begeistert. Aber die anderen schütteln den Kopf.

»Da drüben gibt es Currywurst.«

Meine Schwester lächelt mich entschuldigend an. Ich grinse resigniert zurück. Immerhin ist die bio, steht auf dem Schild. Und schmeckt wirklich gut, muss ich zugeben. Aber was ist mit unserer Museumsführung? Die verpassen wir wohl gerade. Ich schaue schnell nach, wann die nächste beginnt und ob wir uns dafür noch anmelden könnten. Als ich aufblicke, sehe ich meine Familie glücklich kauend und fröhlich quasselnd an der Currywurstbude. Ich stecke das Handy ein.

»Und jetzt?«, fragt meinen Schwager fast ängstlich.

Ich grinse. »Lasse mer uns treiben. Wohin ihr wollt.«

Diese Zugezogenen!

Ja, schlag mi's Blechle! Will sagen: krass!

Ich lese die neueste Berlin-Statistik über Zugezogene, und da steht doch glatt, dass die meisten aus Hamburg nach Berlin kommen. Es folgen Dresden, Leipzig, München und erst an zwölfter Stelle Stuttgart. Also so was. Esslingen liegt sogar nur auf Platz 380 der häufigsten Geburtsorte in Berlin.

Dass alle so tun, als würde Berlin von uns Schwaben überrannt, kann man sich entweder mit Verschwörungstheorien erklären oder halt damit, dass die Schwaben Berlin am auffälligsten geprägt haben.

Ach, diese Hamburger. Kommen zu Tausenden nach Berlin und schnappen sich hier natürlich den günstigen Wohnraum. Und das auch noch klammheimlich. Was bringen die denn mit im Gegenzug? Außer gestiegenen Mieten? Noch nicht mal was Gescheites zu essen. Und dass man sie nicht bemerkt, das liegt dann eben daran, dass das alles verstockte Fischköppe sind, die das Maul nicht aufmachen. Bei den Männern sind die Haare akkurat gekämmt und gern mit Pomade in den Seitenscheitel geklebt, affenteure und affenhässliche Blazer mit Goldknöpfen und Wappen auf der Brusttasche. Die Frau daneben hat die Haare im Pferdeschwanz, damit man die Perlohrstecker sieht, und schaut grämlich nach dem Himmel, ob es nicht bald regnet. Die Münchner erkennt man da leichter, die sind natürlich genauso versnobt wie die Hamburger und tragen ähnliche Frisuren, haben aber immer Trachten an.

Scherz. Die sind ähnlich durchgestylt wie die Hamburger, alles von Snobtop oder so, aber die Münchner Snobs tröten auch noch andauernd in ihre Handys, um möglichst wichtig-popichtig rüberzukommen.

Und dann muss ich mir ja noch die Ossis vorknöpfen. Hallo Leipzig! Na, schön nach Berlin auswandern und hier allen Leuten weismachen wollen, dass man in Leipzig Wohnungen kaufen soll, weil das eine total tolle Investitionsanlage sei? Verschlagen. Und Dresden wird einfach Pegida überlassen, oder was? Wobei diese geflohenen Sachsen ja oft netter sind als man denkt. Wenn nur dieser grässliche Dialekt nicht wäre, es tut mir leid, aber ich kann einfach keinen Menschen ernst nehmen, der »Eiforbibbsch« sagt.

Ach, wo wir schon bei Dialekten sind: Die ganzen Berliner sollen eh mal schön den Mund halten. Dieses Rum-Icken – fürchterlich! Womöglich noch mit einem »escht jetze?« hinten dran. Da kriegt man doch Kopfweh. Und dann hocken sie bräsig in ihrer Suppe und nörgeln. Diese ganzen Westberliner sind eh noch nie irgendwo gewesen, für die hat sich ganz tief eingebrannt, dass sie auf einer Insel wohnen. Ringsumher ist Osten – und davor haben sie Angst –, und weiter weg ist Westdeutschland, aber das ist halt sehr weit weg. Und interessiert uns nicht. Pah, ein Weltbürger sieht für mich anders aus. Und die Ostberliner, die wollten doch nüscht wie raus aus ihren sozialistisch verfallenen Buden mit Außenklo und Kohleofen. Da braucht mir doch keiner erzählen, er sehnt sich nach dem Altbau im Prenzlauer Berg zurück, wo ihm dauernd der Putz auf den Kopf bröselt. Echt, ich glaube, die Einzigen, die noch mehr nerven als die ganzen Zugezogenen hier, sind die Berliner!

Gott sei Dank gibt es ja auch noch die ganzen Ausländer, da weiß man wenigstens genau, woran man ist. In Kreuzberg und dem Wedding geht es zu wie in Kleinasien, die Bürgersteige sind voller Sonnenblumenkernhülsen, und an den Ständen jede Menge frisches Gemüse. Nur, ob das bio ist? Zweifelhaft. Am Ku'damm gehen die Russen flanieren, und darüber sollten alle mehr als froh sein, denn wer will da denn sonst rumlaufen? Hässlich und teuer, das ist doch eine Kombination, die wirklich nicht anmacht. Ach so, ja, die alten Westberliner Stadtteile sind ja »im Kommen«. Seit ungefähr fünfzehn Jahren versucht irgendjemand das zu behaupten. Bitte, zieht doch hin in diesen Hotspot. Oder nach Schöneweide oder Lichtenrade, das ist auch voll im Kommen, echt! Auch hässlich, aber noch nicht so teuer wie der Ku'damm und mit mehr Kick als Prada. Die Spanier machen sich im Friedrichshain breit und lassen dort die Geburtenrate nach oben schnellen. Hach, was soll ich sagen, im Prenzlauer Berg ist es halt am schönsten. Hier gibt es allerliebste Mischungen aus Schwaben und Japanern oder Franzosen, hier finden sich gutes Essen und kultivierte Gespräche, Leib und Seele in Harmonie. Klar, dass da gemeckert werden muss von den Banausen ringsum.

Der Markt am Kollwitzplatz ist nun mal besonders schön. Alles ist bio, und nebenher kann man noch ein Cremantle trinken. Dann kommt doch einfach her und genießt es, statt zu motzen, dass es nicht mehr so authentisch verramscht ist. Nur 8000 Stuttgarter sind hier gemeldet – das ist ja unglaublich.

Was soll man noch tun, damit in Berlin wirklich so viele Schwaben wohnen wie nötig?

Mit einer Journalistin, die rein zufällig auch aus dem Ländle stammt, komme ich ins Philosophieren. Dabei stellt sich heraus, dass sie durchaus in Betracht gezogen hat, zur Entbindung ihres Kindes auf die Alb zurückzukehren, damit das Kleine ein echter Schwabe wird. Hmm. Aber könnte man das nicht auch einfacher bewerkstelligen? Es gibt doch zumindest ein offizielles Stück Baden-Württemberg in Berlin, die Landesvertretung. Betritt man nicht wie bei jeder Botschaft sofort heimischen Boden, wenn man da über die Schwelle tritt? Und wie wäre es nun, wenn man dort einen Kreißsaal einrichten würde? Nein, besser zwei. Einen für die Badenser und einen für die Württemberger. Dann könnte man gleich hier in der Hauptstadt echte Schwaben zur Welt bringen.

Ach, was soll's. Schwabe sein, das ist ja auch eine Geisteshaltung. Die schwäbische Seele. Kümmelseele, hihi. Deswegen vertragen wir uns so gut mit den Türken hier.

Ganz ehrlich? Es sind natürlich mehr als 8000 Schwaben in Berlin. Aber wir melden doch deswegen nicht gleich den Erstwohnsitz hier an. Stellt euch vor, es kommt ein Ba-Wüxit, also der Austritt Baden-Württembergs aus Deutschland – das könnte doch sein, dass die mal die Nase voll haben vom Länderfinanzausgleich, also da will ich dann aber schon die Möglichkeit haben, dort wieder einzureisen. Und meine Kinder mitzunehmen. Dafür wär der Kreißsaal in der Landesvertretung aber schon praktisch.

Taximeinungen

»Moment, ich muss den Maxi Cosi noch anschnallen.«

Der Taxifahrer bremst ruckartig und schaut mit grämlichem Gesicht in den Rückspiegel, während ich Wikipedia festschnalle.

»Hamses bald?«

»Keine Sorge, ich hab genug Zeit eingeplant, wir kommen sicher rechtzeitig an.«

»Wennse meinen.«

»So. Wir können.«

Ich nicke den grantigen Augen im Spiegel zu und kitzle Wikipedia dann am Kinn.

»Kuck mal, wir fahren mit dem Taxi, Spätzle.«

Der Taxifahrer schnaubt. Ich aber habe gute Laune, die wird mir nicht verdorben.

»Gesundheit«, sag ich also scheinheilig.

Er schnaubt nochmal. An der Ampel dreht er sich um und mustert mich und das Baby im Maxi Cosi mit abschätzigem Blick.

»Also, Kinder sollte man die ersten drei Monate ja gar nicht rauslassen«, verkündet er und dreht sich wieder um.

»Aus dem Haus?«

»Nee, ausm Zimmer.«

Ich lache auf. »So ein Quatsch.«

Der Taxifahrer drückt auf die Hupe und drängelt sich zwischen einen Kleinlaster und einen Jeep auf die Abbiegespur.

»Det is kein Quatsch, die werden total überreizt und nervös.

Dass das keiner lernt, wie man mit Kindern umgeht, so Standardwissen – is nicht.«

Ich öffne kurz den Mund. Und schließe ihn wieder. Er spricht weiter.

»Ich hab da auch nix gewusst, bis ich achzehn war. Dann hat es mich interessiert, und ich hab mich informiert.«

»Is ja doll«, sage ich. Ehe ich fragen kann, ob es ihn aus dem Grund interessierte, weil er plötzlich Vater wurde, bremst er so scharf, dass ich mich an der Kopfstütze vor mir festhalten muss. Wikipedia gluckst. Sie findet es lustig.

»Wir könne uns Zeit la-«

»Das Gleiche mit Gartenbau. Weiß ja kein Mensch mehr heutzutage. Sollte Schulfach sein, ach was sag ich, Pflichtfach, zwei Stunden die Woche. Mindestens. Genau wie die Kindererziehung. Also, was die Leute da alles falsch machen, reihenweise, echt.«

Ich bin mir nicht sicher, ob ich hören möchte, nach welchen Prinzipien das mit der Kindererziehung seiner Meinung nach funktioniert. Wir scheinen da ja schon ganz am Anfang unterschiedliche Auffassungen zu haben, wo ich so sorglos mein Dreimonatsbaby mit nach draußen nehme. Er doziert aber schon weiter.

»Ich hab neulich ein Buch im Altpapier gefunden, in blaues Leinen gebunden – die Hausfrau oder so, aus den Fünfzigerjahren. Wirklich ein tolles Buch. Da lernt man auch, wie man bügelt.«

Was kuckt er denn jetzt so streng? Ich habe schließlich einen Mantel an. Steht mir etwa auf der Stirn, dass ich einen ungebügelten Pulli drunter trage? Ich schüttle den Kopf.

»Also Bügeln halte ich für überschätzt, das mache ich grundsätzlich nicht.«

Der Taxifahrer nickt wissend.

»Da sollten Sie das Buch lesen, ganz tolle Tips stehen da drin. Und die Frau vorne drauf – ick sage ihnen: wie aus dem Ei gepellt. Das sollte man wieder lernen. Hauswirtschaftslehre, das wäre der Knaller. In der Schule.«

Ich grinse.

»Kochlöffelabitur sagte man damals.«

Er runzelt die Stirn.

»Ja, aber heute lernen die doch nichts mehr. Schauen Sie doch mal: Rechtschreibreform. Was heißt das denn? Kann doch keiner mehr schreiben. Also, die machen Fehler über Fehler. Sogar in der Diplomarbeit.«

»Da sollte man wirklich vorher mit der Rechtschreibprüfung drüber gehen, gibt es ja mittlerweile bei all den Programmen.«

»Programme. Ja. Alles Programme machen lassen. Und dabei werden sie faul, das ist es. Fehler in der Diplomarbeit, und es ist ihnen Wurscht, ich sage dit so wie's is.«

»Na ja, wenn es inhaltlich passt …« versuche ich ihn zu besänftigen.

»Bah. Ick kenne einen Mann, der is Hausmeister. 'n janz normaler Hausmeister, ja. Aber der is noch so gebildet, der liest und schreibt mit Sütterlin. Wer kann denn das heute noch? Die jungen Leute? Janz sicher nich, das geht verloren.«

»Hmm. Sütterlin hat seine Schriftform auch als Vereinfachung für die Schulkinder entwickelt. Viele verwechseln das ja mit der Kurrentschrift, das wissen Sie ja sicher. Aber es wird doch immer Menschen geben, die sich für Kalligraphie interessieren.«

Der Taxifahrer schaut in den Rückspiegel, seine Augen verengen sich zu Schlitzen. Meine Klugscheißerei behagt ihm nicht, das merke ich. Kann ich was dafür, dass ich ausgerechnet den Unterschied zwischen Kurrent und Sütterlin weiß? Ich schlucke.

»Jaja, det mag sein. Aber det meiste geht halt verloren, wa? Det wissen noch Sie, det weiß icke und der Hausmeister – und denn? Wars dette schon.«

Wikipedia wird wach und meckert. Der Taxifahrer ist froh um den Themenwechsel. Ich auch. Obwohl. Wer weiß, was jetzt noch kommt.

»Na, hat se Hunger, die Kleine. Ach, is det schön, wenn man noch so klein ist. Wat geben sie ihr?«

»Milch. Ich stille noch.«

»Sehr gut. Milch und Honig, det ist alles, was die Kleinen brauchen.«

Okay, dieses eine Mal noch, das muss ich jetzt wirklich loswerden: »Ähm, Honig dürfen Babys im ersten Jahr auf keinen Fall essen. Da können Keime drin sein, die zur Atemlähmung führen.«

Der Taxifahrer ist unbeeindruckt. Er hat es echt drauf.

»Ja, det is schon klar. Aber mein Honig ist ganz besonders. Den kriegt man sonst auch nirgends, und den können auch Babys essen. Aber sonst – nee, sonst lieber nicht, das lassense mal schön.«

»Mach ich«, seufze ich. »Wir sind da.«

»Tschö. Det Babyding kriegen Sie selber ab, wa? Und denkense an det Buch – die Hausfrau.«

Taxifahrer sind was Spezielles. Man taucht immer in eine etwas eigene Welt ein, wenn man in so ein Auto einsteigt. Die meisten plaudern gern. Das muss man ja auch können. Wie Friseure. Ich bewundere Menschen, die das beherrschen und einen ganz unangestrengt unterhalten, während man aneinandergekettet ist. Ich habe aber durchaus Tage, an denen ich überhaupt nicht sozial elastisch bin und mich schwer auf exotische Ansichten einlassen kann. Dann passt es mir ganz gut, ein brummiges Schweigeexemplar zu erwischen. Taxifahrer sind die Herrscher in ihrem Wagen, die Temperatur, die Musikauswahl – ihre Entscheidung. Man kann natürlich nachfragen, doch einen anderen Sender einzustellen. Aber ich empfehle Ihnen, sagen Sie lieber: »Ausmachen!«. Denn sonst beleidigt man die oft empfindsamen Seelen. Viele Taxifahrer haben spannende Geschichten zu erzählen aus den Ländern, in denen sie früher gelebt haben, von den Studiengängen, die sie abgebrochen haben, von den Stars, die in ihren Fußraum gebrochen haben. Und in jedem steckt ein Spezialist für irgendwas, ein Poet, der siebzehn selbstgeschriebene Gedichte über den Eisbären Knut aufsagen kann, oder ein ... Fotograf.

Ich erinnere mich gut an eine Fahrt nach Hause von einer Party. Es war ungefähr drei Uhr morgens, mein Mann döste direkt im Rücksitz ein – der Taxifahrer hingegen war sehr gut gelaunt und munter.

»Na, schönen Abend gehabt?«, fragte er in den Rückspiegel. In seiner Brille fingen sich Blitze einer Miniaturdiscokugel, die am Innenspiegel baumelte. »Und, spannende Leute getroffen?«

Ich gähnte. »Mhmm, ja, war sehr nett.«

Er nickte wissend.

»Jaja, die Sommernächte. So was Schönes. Ich fahr ja so gerne nachts.«

»Wirklich?«, brummelte ich.

»Ja. Da ist alles ein Geheimnis. Wissen Sie, ich bin ja auch Künstler. Ich mach auch Vernissagen und so. Fotografien.«

»Ach toll«, sagte ich höflich.

»Ja, das isses«, bestätigte er. »Und alles hier im Taxi. Mit den Gästen.«

Ich zuckte zusammen und suchte die Armaturen nach versteckten Kameras ab, fand aber keine. Nun bin ich wieder hellwach.

»Sie fotografieren Ihre Fahrgäste?«

»Ja, ganz ästhetisch.«

Das klingt verdächtig.

»Wollen Se mal sehen?«

Er reichte mir einen Flyer nach hinten. Trotz der Dunkelheit erkannte ich Brüste. Nackte Brüste ohne Kopf. Mit verrutschten Partykleidern, manikürten Händen und Halsketten.

»Ich frag natürlich immer vorher.«

»Das sollten Sie beibehalten«, sagte ich entschieden. »Und die Damen finden die Idee gut?«

»Ja ja, wissen Sie, wir kommen dann so ins Gespräch, und sie erzählen mir was von ihrem Abend. Und dann sage ich, ich hab da so 'n Projekt. Also, da machen ganz viele mit, die meisten, würd ich sagen. Man erkennt die ja dann auch nicht, den Kopf lass ich ja immer weg, also das ist Datenschutz, da bin ich ganz seriös. Schauen Sie mal rein, das sind ganz unterschiedliche Brüste.«

»Ja, tatsächlich.«

»Wissen Sie, ich fotografier nicht nur die Riesendinger. Also, die gefallen mir natürlich, das muss ich schon sagen. Und ich kann ihnen auch nicht sagen, welche da nicht echt sind. Also, bei manchen kommt man ja schon ins Grübeln. Na ja, manche erzählen das ja dann auch, ob die gemacht sind. Aber das ist immer ganz ästhetisch.«

Ich blickte nach draußen, um rauszufinden, wie lange die Fahrt wohl noch dauern würde. Ach, Gott sei Dank.

»Hier müssen Sie abbiegen, da kommt eine Einbahnstraße, und dann sind wir gleich da.«

Ich zog mein Portemonnaie hervor und kramte schon mal den Geldbetrag zusammen.

»Genau hier. Danke. Das stimmt so.«

»Dann wünsch ich noch einen schönen Abend, wa? Den Flyer dürfen Sie gerne behalten.«

»Das ist nett.«

Ich zwickte meinen Mann in die Schulter. »Aufwachen, wir sind da.«

Er blinzelte mir zu und kletterte aus dem Taxi.

»Wow, das war ja seltsam. Zum Glück warst du mit dabei, sonst hätte er meine Brüste vielleicht auch noch fotografieren wollen. Wie kannst du denn dabei schlafen?«

Mein Mann grinste. »Ich wollte nur sehen, ob er sich traut, dich zu fragen, wenn ich so tue.«

Ein andermal bin ich spät dran zu einem Termin. Noch während ich auf den Rücksitz rutsche, rufe ich dem Fahrer die Straße und Hausnummer zu, und er braust los. Weil er merkt, dass ich es eilig habe, kurvt er durch alle möglichen Seitenstraßen, um nicht in einen Stau zu geraten. Ich bin beeindruckt und dankbar. Schließlich bremst er schwungvoll ab.

»Das müsste es sein.«

»Aber hier steht ja gar kein Haus.«

Tatsächlich stehen wir vor einem verwilderten Grundstück, das mit schiefen Bauzäunen gesäumt ist.

Ich ziehe meinen Fuß, der schon auf der Straße steht, wieder ins Auto zurück und checke die Adresse.

»Mist. Falsche Straße. Nicht -weg, sondern -damm.«

»Na, denn isses ja klar. Jut, Tür zu, sausen wir mal weiter.«

Jetzt komm ich eh zu spät, ich kann es nicht mehr ändern. Ich versuche, mich zu entspannen. Komm, das passiert mir doch höchstens zweimal im Jahr, dass ich nicht pünktlich bin. Der Taxifahrer ist bester Dinge.

»Wissense was? Mir passiert det auch dauernd. Ick hab immer so 'n Zahlendreher im Kopf. Also statt zur zweiundsiebzig fahr ich dann zur siebenundzwanzig.«

Ich versuche zu lachen, aber in Wirklichkeit beunruhigt mich diese Information.

»Sagense mal, wat war denn nochmal Ihre Hausnummer? Weil wenn wir jetzt falsch sind, muss ick nochmal einen Riesenbogen machen.«

Ich schrecke zusammen. Da bricht er in herzliches Lachen aus.

»War'n Witz, Kindchen. Wir sind da.«

Man sagt ja immer, der Weg ist das Ziel. Wenn man auf der Suche nach Geschichten ist, stimmt das auf jeden Fall. Dann muss man sich nur in ein Berliner Taxi setzen.

Wieder drhoim

Ich bin »drhoim«. Bei meinen Eltern auf der Schwäbischen Alb. Mein Gott ist das schön hier. Biosphärengebiet. Gute Luft, wunderschöne Natur. Wenn man endlich angekommen ist, denn meine Heimat liegt schon ziemlich genau *in the middle of nowhere*. Vom Flughafen oder Bahnhof muss man sich abholen lassen und braucht dann mindestens noch eine halbe Stunde mit dem Auto.

Das Flugzeug war immerhin pünktlich, in Stuttgart gibt es ja auch einen funktionierenden Flughafen. Und meine Mutter hat uns abgeholt. Natürlich hat sie damit gerechnet, dass der Flieger Verspätung hat, deswegen ist sie noch im Zeitschriftenladen. Bruno-Hugo-Luis und Wikipedia waren den ganzen Flug über ziemlich lieb, auch wenn ich ihnen die Laugenstange verweigert habe, die dort als Snack angeboten wurde. Also bitte, wir landen gleich im Land, wo Brezelteig und Butter fließen! Wikipedia findet es doof, gleich wieder im Auto angeschnallt zu werden, aber eine Brezel und »Auf der schwäbsche Eisebahne«-Singen besänftig sie. Bruno-Hugo-Luis stimmt mit vollem Mund mit ein.

Wiki lutscht begeistert an ihrer Brezel und nötigt mich, die besonders leckeren Stücke auch zu probieren. Die sind dann zwar schon ganz schön weichgemümmelt, aber die Laune ist prächtig.

»Wart mal«, sagt meine Mutter. »Wir kaufen hier noch geschwind ein.«

»Was? Beim Aldi? Dahinten kommt doch dieser schöne Hofladen mit den Bio-Alb-Produkten.«

»Des isch doch für die Tourischte.«

Ich seufze. Immerhin, der Aldi-Süd ist ja quasi ein Einkaufsparadies. Und alles so ordentlich. Wir packen die Vorräte zum Koffer.

»Des Tiramisu isch super, des essen dein Vatter und ich grad so gern.«

»Aber des isch doch voll mit Geschmacksverstärkern. Also, die Kinder krieget des nicht. Ich hatte mich so auf dein Holunderblüten-Panacotta gfreut.«

»Des mach ich euch scho auch no.«

Ich lehne mich zurück und betrachte die Landschaft. Romantische Täler, wogende Felder, blühende Gärten. Als wir ankommen, steht mein Vater schon winkend auf der Veranda.

»'s gibt glei Maultasche.«

»Au super! Selber gemacht, oder?«

»Freilich. Und mit Kartoffelsalat.«

Glücklich lassen wir uns um den Tisch nieder, und auch die Kinder hauen trotz der Butterbrezeln nochmal tüchtig rein. Meine Mutter seufzt.

»Des wird immer schwieriger, den Nudelteig zum kriege, ich sag's dir.«

»Wieso? Machet die Leut so viel Maultasche, dass se's dir wegkaufet?«

»Noi, im Gegenteil. Deswege gibts den ja kaum no. Koi Nachfrage.«

»Wie bitte? Machet die ihre Maultasche nicht mehr selber? Dabei gibts hier doch Brät. In Berlin muss ich da immer Bratwürscht ausdrücke dafür. Oder die fertigen kaufe, aber des isch ja net das Gleiche.«

»Ich weiß au net. Ich hab den Teig ja au scho selber gemacht, aber dann wird er immer net so gleichmäßig, und die Füllung rutscht mir hinten und vorne raus, und es sieht nix gleich. Wie findsches denn? Ich hab statt alte Wecke Amaranth mit nei, des wird ja jetzt auch hier anbaut.«

Ich begutachte die Maultaschen und erkenne tatsächlich kleine »Böbbele«. Hat was. Ich bin zwar eher traditionell eingestellt was Maultaschen angeht, aber die Experimente meiner Mutter sind nicht anzuzweifeln. Es schmeckt ja (zum Glück). Und jetzt? Jetzt wird entspannt! Ich lasse die Koffer im Zimmer stehen, drücke die Kinder meiner Mutter in die Hand und lege mich in den Garten auf die Liege unterm Apfelbaum. Landleben. Diese Ruhe, dieser Frieden! Man hört die Vögel zwitschern.

Brrrräämms.

Was war das? Die Kreissäge vom Zimmermann? Ach nein. Jemand mäht den Rasen. Na gut, kann man nix machen. Am nächsten Tag liege ich wieder unterm Apfelbaum. Und Brrrräämms.

Ja kann das denn sein?

»Sag mal«, frage ich meinen Vater. »Tragen die sich in einen großen Kalender ein, damit es nicht an einem Tag plötzlich so ruhig ist und man sich fragen muss, ob wohl alle faul herumstracken, statt was zu schaffen?«

»Ach, sei doch froh, dass mir nicht in der leise Siedlung wohnet. Da hörsch dann alle Gespräche vom Nachbargarte mit.«

Ich überlege. Das fände ich ja vielleicht sogar lustig. Leise ist es jedenfalls nicht. Wenn nicht ein Rasenmäher brummt, dann sägt jemand was. Und seit Neuestem knattern nicht mehr nur Traktoren durchs Dorf, sondern auch noch Quads. So ein bescheuertes Fortbewegungsmittel hab ich selten gesehen, eine Art Sitzrasenmäher ohne Rasenmäher, aber schneller, und so laut, dass wirklich jeder mitkriegt, dass wieder so ein hässlicher Potenzverstärker herumfährt. Mit so was fährt man nicht zum Spaß oder um irgendwo anzukommen. Mit so was fährt man, um andere zu stören und zu »beeindrucken«.

Dieser ganze Lärm stresst mich jedenfalls gewaltig. Ach wie ruhig ist es in meinem Dachgeschoss im Prenzlauer Berg! Ich erhebe mich von der Liege unterm Apfelbaum und beschließe, einen ausgedehnten Spaziergang mit der Familie im Lautertal zu machen. Da mäandert der malerische Bach zwischen Wäldern und Felsen, Burgruinen blinzeln dazwischen heraus. Bruno-Hugo-

Luis kriegt ein Kinderfahrrad ausgeliehen, und Wikipedia strampelt fröhlich im Kinderwagen. Wunderschön ist es hier. Aber die Wanderwege sind voller Wanderer. Ich wundere mich. Was machen die denn alle hier?

»Heut isch doch gar nicht Wochendende«, sage ich irritiert.

»Ja, zum Glück, am Wochenende kannsch hier net her. Alles voll Tourischte.«

Pff. In meiner Erinnerung gehörte das Tal einem immer ganz allein.

»Wenn du dei Ruh willsch, müsse mer ins Guckental«, sagt mein Vater.

»Ja, bloß net. Des isch z'gfährlich mit de Kinder«, ruft meine Mutter erschrocken. »Da gibt's doch so viele Wildsauen.«

»Ach, das ist doch süß«, sage ich. »Tiere in freier Wildbahn, das ist toll.«

»Ja, aber so eine Wildsau kann dir da Fuß abbeiße«, meint mein Vater trocken.

Der Fuß reicht in Schwaben übrigens von den Zehen bis zur Hüfte und schließt also das gesamte Bein mit ein. Ich werde blass. Meine Mutter beruhigt mich.

»Des machet se bloß, wenn sie ihre Junge dabei hend. Und die leget sie ja net direkt neben den Wanderweg.«

Ich beschließe, dass ich trotzdem lieber die Touristen in Kauf nehme, statt mit einer Wildsau zu kämpfen. Ich habe ja auch Junge zu verteidigen, für die ich im Zweifel Beine abbeißen würde. Lieber ist es mir aber, wenn es nicht dazu kommt.

Wir holen eine Reisegruppe ein, die schnatternd am Hohen Giesel steht und Fotos macht.

»Ach, Japaner«, sage ich zu meinem Vater. »Gut, die sind einfach überall, gell?«

Strahlend halten sie uns ihre Fotoapparate entgegen und bitten uns, sie zu fotografieren. Nach 15 quasi identischen Bildern mit wechselnden Japanern reicht es mir.

»We leave now. Have a nice time here.«

»Thank you. Are you from here?«
»Yes«, sage ich voller Stolz. »And you?«
»Shanghai. Beautiful place here. Bye.«
Wir gehen weiter.
»Shanghai isch aber nicht in Japan«, sagt mein Vater. »Macht ja nix. Die schwäbischen Firmen schaffen viel mit den Chinesen zusammen. Letztes Jahr gab's sogar ein schwäbisch-chinesisches Mondfest.«
Ich staune. Was sich alles getan hat, seit ich weg bin. Mein Vater zuckt mit den Schultern.
»Chinesisch mag ich immer no lieber als Japanisch, aber 's Gmüs kochet sie alle nicht gscheit durch.«
Ich erinnere mich an die Besuche im China-Restaurant mit meinem Vater, als ich ein Kind war, und muss grinsen. Er hat das Gemüse zurückgehen lassen. »Des isch ja noch roh.«
Wir wandern weiter, und das Plätschern der Lauter und das Rauschen der Blätter stimmt mich ruhig und zufrieden. Als wir uns auf den Heimweg machen, merke ich, dass ich hungrig werde.
»Bruno-Hugo-Luis, hasch du au Hunger?«
»Jaa!«, ruft er.
»Ich geh mit ihm zum Metzger«, sagt mein Vater. »Und hol Landjäger. Dann kriegscht du bestimmt ein Rädle Wurscht.«
Ich freue mich. Das kriegen die Kinder ja in Berlin nicht.
Ich erinnere mich, wie ich mit Bruno-Hugo-Luis bei »Vom Leckeren das Teure« war und er laut »Ich möchte bitte ein Rädle Wurst!« gerufen hat, da er das vom Großelternbesuch kannte. Das wurde von Herzen ignoriert. Aber hier auf dem Land, da ist man großzügig, da sind Kinder willkommen, da merkt man sich sogar, was dem besonders schmeckt.
»Isch des eigentlich ein Bio-Metzger?«, frage ich nach.
»Hä?«, entgegnet mein Vater. »Ja, freile. Der kennt jede Wurscht persönlich.«
Vor der Haustür steht ein Karton voll Salat. Meine Mutter seufzt.

»Salat hab ich doch grad selber gnug im Garten. Wenn d'Schnecken mir net alles weggefresse hend.«

»Aber du spritzt da nix dagegen, oder?«

Wie schrecklich wäre es, wenn das gute Biogemüse heimlich voller Pestizide wäre. Aber meine Mutter schüttelt den Kopf.

»Nein, ich sammle die jeden Morgen auf und schmeiße sie in meine Schneckenfalle. Da gehen sie von selber nicht so oft rein. Dafür isches ganz und gar bio, koi Sorg.«

Ich begutachte den geschenkten Salat. Der sieht makellos aus. Das ist verdächtig, finde ich. In Berlin weiß man, dass man einen echten Biosalat gekauft hat, wenn die Blätter nur so wimmeln von Tierchen. Ich habe manchmal den Verdacht, dass die im Nachhinein draufgestreut werden. Hier ist aber gar nix zu sehen. Also, den essen wir lieber nicht, entscheide ich. Nach dem Abendessen will ich mich nützlich machen und die Küche aufräumen. Meine Mutter schaut mir über die Schulter.

»Was schmeißt du denn da weg? Weißt du, was wohin gehört?«

Au weia. Es gibt wieder mal ein neues Müllsystem. Also, die Leute in Berlin sollten das mal sehen! Die schaffen es ja noch nicht mal, Papier und Plastik auseinanderzuhalten. Dauernd könnte man da nachsortieren. Hier gibt es ausführliche Infozettel, die auch jeder gewissenhaft durchliest. Ich glaube, in Baden-Württemberg hat jeder Landkreis sein eigenes bestes System, das ständig optimiert wird. Meine Mutter hat im Umfragezettel angekreuzt, dass sie keine Bio-Mülltonne will, sondern alle Lebensmittelabfälle selber verwertet. Jetzt kann jederzeit jemand kommen und untersuchen, ob sie auch das Richtige auf den Kompost tut.

»Die gekochten Kartoffelschalen zum Beispiel muss ich wahrscheinlich auf die Igelburg schmeißen«, meint meine Mutter.

»Was mach ich denn mit den Hühnerknochen?«

»Die dürfen nicht auf den Kompost.«

»Vergrab's im Wald«, brummt mein Vater.

»Ach du! Ja, soll ich die dann in den Restmüll tun?«
»Der wird nur alle vier Wochen abgeholt. Also, vierzehntägig geht auch, aber das kostet extra. Bis dahin sind da ja Maden drin.«

Ich schüttle mich. Dann vielleicht doch lieber eine Biotonne. Die Nachbarn haben ganz feudal von jeder möglichen Abfalltonne eine vorm Haus stehen. Vielleicht können wir da mal eine benutzen? In die Biotonne darf der pflanzliche Abfall rein, der nicht auf den Kompost darf: Eierschalen oder gekochte Kartoffelschalen. Meine Güte, ist das kompliziert. Und was soll ich mit dem Salatkopf ohne Tiere machen, der womöglich aus einem gespritzten Garten kommt? Auf unseren Kompost? Dann wird der zu verseuchter Erde. Aber das darf doch nicht in die Biotonne, wenn es nicht bio ist? Darf ich einen Apfelbutzen in die Biotonne werfen, der nicht aus dem Bioladen ist? Oder muss ich den zum Recyclinghof fahren? Ich überlege, ob die CO_2-Bilanz durch die Fahrten zum Werkstoffhof nicht wieder total verhunzt wird. Wo dürfen denn dann die Aldi-Reste hin?

»Kauf lieber bloß bei der Gerda ein«, sag ich zu meiner Mutter.

»Ja, da hasch recht«, stimmt sie mir zu. »Nah und gut, und alles nachhaltig und aus der Nachbarschaft vom Hülbehof und aus dem Lautertal. Außerdem hat die ja eine viel größere Auswahl als so ein Aldi, die kümmert sich drum, dass sie alles herschafft für ihre Kunden, und alles so geschickt verteilt in dem kleinen Laden. Morgen kaufen wir da Alb-Linsen.«

Ach ja, Alblinsen. Die nehm ich immer mit nach Berlin. Da krieg ich die nicht. Dafür kann ich da auch Mittwochnachmittags einkaufen. Sogar Koriander.

Am Abend legen Bruno-Hugo-Luis und ich zusammen sein neues Puzzle. Europa ist darauf mit typischen Bauten oder Tieren für die einzelnen Gegenden.

»Warte, das Wikingerschiff gehört nicht an den Bosporus.«

Empört nimmt er mir die Karte aus der Hand. Ich beobachte ihn, wie er eifrig und ordentlich die einzelnen Teile an ihren Platz legt.

Ich überlege. Wie schön wäre es, wenn man manchmal etwas umräumen könnte. Das Lautertal neben den Prenzlauer Berg, die Rasenmäher und Quads nach Steglitz, die Mülltrennung vermischen und gleichmäßig verteilen ... Ich seufze. Man kann eben nicht alles gleichzeitig haben. Aber vielleicht ist das auch gut. Dann kann immer wieder die Sehnsucht wachsen, von Berlin nach der Alb und umgekehrt.

DIES IST EINE ALL GENDER TOILETTE

Schwäbinnen im Löwe-Mond

»Wie oft staubsaugst du?«

Ich starre Anne erschrocken an. Ich kenne sie noch aus der Schulzeit, und irgendwann ist sie auch in Berlin gelandet, was mich freut, denn ich treffe sie gerne ab und zu zum Kaffee. Jetzt, fünfzehn Jahre nach dem Abi, bin ich doch entspannt mit mir selbst, denke ich. Aber es gibt da eine Sache. Wenn ich ganz ehrlich sein soll: Schwäbinnen machen mir Angst. Haushalt, Kinder, Backhaus, Fasnetsverein und dann womöglich noch ein Job. Trotzdem sind sogar die Unterhemden gebügelt. Auf der Alb dachte ich immer: Na gut, das ist hier halt so, alle Nachbarn schauen immer rüber, und da muss man das Haus in Ordnung halten und überhaupt: »Wie sieht es denn bei denen aus? No drzu an dr Stroß!«

Das war ein Spruch, den die Busfahrerin gern brachte, wenn wir an dem Haus der Muckse vorbeifuhren. Da standen immer Fahrräder, Gummistiefel und alles mögliche andere vorm Haus herum, der Garten war eher verwildert, und vor den Fenstern hingen keine Geranien. Ich musste schlucken, denn bei uns sah es ähnlich aus. Immerhin war es nicht direkt »an dr Stroß«, denn zumindest da, wo andere hinsehen könnten, muss es ordentlich aussehen. In Berlin sieht niemand rein, es sei denn, man hat riesige Fensterfronten ohne Vorhänge. Da schau ich sehr gerne hin und freu mich, dass ich das nicht sauber halten muss. Da muss man dann ja ständig räumen und ordnen, damit das was gleichsieht. Ich hab nicht wirklich ein Auge dafür und auch keinen rechten Ehrgeiz. Ich versuche mir dann zu sagen: Die haben wirklich keinen Dreck unterm Teppich, aber die haben auch keine schönen Sachen, die krümeln und rumliegen können. Oder, um meine Mutter zu zitieren: »Ein reiches Leben ist eine Vielfalt, die sich nicht versteckt, sondern manchmal rumliegt und nicht wie ›Schöner Wohnen‹ aussieht.« Besonders lustig sind die Freundinnen, die plötzlich aufstöhnen: »Jessas, i muss hoim, ich muss ja noch aufräume. Morgen kommt doch d'Putzfrau.« Ja, diese Logik ist nicht leicht zu durchschauen.

Neulich rufe ich Anne an: »Hallo, du, weisch was? Ich bin grade bei dir ums Eck, hast du Lust auf einen Kaffee?«
»Ja, komm doch einfach rauf.«
Ich steige ins Dachgeschoss hoch, wo Anne an der Türe wartet.
»Entschuldige, bei mir siehts grad ohmeglich aus, ich bin noch net zum Putze komme.«
Ich winke ab. »Des macht gar nix.«
Ich ziehe die Schuhe aus – das macht man automatisch irgendwann, wenn man Kinder hat. Auch bei uns zuhause lasse ich ungern jemanden über die Schwelle treten, der noch Straßenschuhe trägt. In mir herrscht zwar immer ein kleiner Kampf von wegen locker bleiben, aber so geht es einfach nicht. Nur, wenn man eine Party schmeißt, sollten die Leute ihre Schuhe anbehalten dürfen. Denn sonst sieht so ein Partykleid auch irgendwie blöd aus.
Vorsichtig tappe ich durch den Flur, darauf gefasst, auf etwas Knirschendes zu treten. Anne hat auch zwei Kinder, die gerade in der Kita sind. Aber der Boden ist makellos. Auch in der Küche: Alles ist aufgeräumt, noch nicht mal eine Tasse steht herum. Die Fenster sehen auch geputzt aus.
»Kann ich schnell mal aufs Klo?«
»Ja klar.«

Auf dem Weg zum Bad linse ich in Schlafzimmer und Kinderzimmer. Die Betten sind gemacht, ein Ball liegt auf dem bunten Spielteppich, sonst sieht es aus wie für ein Werbeshooting. Die Kissen haben sogar einen Knick in der Mitte. Das Bad duftet nach Essigessenz, auf dem Spiegel sind keine Zahnpastaflecken, und die Klopapierrolle ist ganz neu.

»Wo sieht's denn bei dir ohmeglich aus?«, scherze ich, als ich in die Küche zurückkomme, wo Anne gerade zwei große Gläser Latte macchiato auf den Tisch stellt. Sie holt eine Schale mit herzförmigen Keksen aus dem Schrank und stellt sie zwischen uns auf den Tisch.

»Die sind glutenfrei, leider ein bissle trocken geworden.«
»Hast du die selber gebacken? Hat einer von euch eine Glutenunverträglichkeit?«

»Ja, gestern mit der Leni-Ella-Marlene und dem Lou-Marlon. Also, direkt a Unverträglichkeit weiß ich jetzt net, aber ich lass es jetzt mal weg und guck, ob's uns dann besser geht.«

»Also, mir ging's da nicht besser«, grinse ich. »Vor allem mit der guten Bäckerei da unter euch. Da duftet es so nach Croissants ... Ehrlich gesagt, hab ich uns zwei mitgebracht. Mit Schokolade.«

Anne schaut sehnsüchtig auf die Tüte und schüttelt dann tapfer den Kopf. Ich beiße in einen ihrer Kekse und spüle mit viel Kaffee nach. Trocken sind sie wirklich. Und krümeln total. Ich schiebe alle zu einem kleinen Häufchen vor mir zusammen. Anne zieht kurz die Augenbrauen zusammen, dann greift sie hinter sich und zieht eine Art Fön hervor.

»Wart gschwend.«

Der Fön entpuppt sich als Handstaubsauger, mit dem sie schnell und geschickt den Tisch sauberföhnt. Ich muss lachen. So was hatte meine Oma auch. Ich konnte mir nie vorstellen, dass es Menschen gibt, die das tatsächlich benutzen.

»Ja, kein Wunder ist es bei dir so sauber.«

Anne verzieht das Gesicht.

»Findesch? Also, ich muss dringend putze. Wär eigentlich schon gestern dran gwese, aber da hab ich's einfach net gschafft, heut Nachmittag isch noch Kindergeburtstag – Zwillinge, da mussten wir noch was basteln und einpacken. Und außerdem isch der neue Putzeimer noch net da, den ich bestellt hab. Ah, Jessas! Ich glaub, ich hab's Bügeleisen anglasse!«

Sie springt auf und läuft ins Wohnzimmer. Ich nehme meinen Kaffee und folge ihr. Auch hier ist es total ordentlich, nur ein Wäschekorb und ein Bügelbrett passen nicht ganz ins Bild. Auf dem Tisch liegen sechs wunderschöne Päckchen, die ich mir genauer anschaue. Das Papier ist mit Herzchen und Luftballons bemalt – offenbar von Annes Kindern – und kunstvoll gefaltet. Oben bildet es einen kleinen Schmetterling, der mit Glitzerfühlern beklebt ist.

Ich seufze.

Genau solche Sachen kann ich einfach nicht. Und so was sollte man doch können als Hausfrau. Geschenke einpacken. Wenn ich überhaupt Geschenkpapier finde, dann wurschtle ich das Geschenk hinein und klebe zu. Fertig. Ich habe mir schon mal ganz viele verschiedene Geschenkbänder und Motivklebefolien geholt, um auch schöne Geschenke machen zu können. Aber ich bin da nicht talentiert. Oder habe nicht genug Geduld. Oder beides. Und ich schenke gern, wirklich, von Herzen. Das hat nichts mit Geringschätzung zu tun, wenn meine Geschenke so sauselig sind. Aber am Ende wird es doch eh aufgerissen, oder? Anne hat das Bügeleisen ergriffen.

»Macht's dir was aus, wenn ich des noch schnell fertigbügle, sind bloß noch die Bodys.«

Ich nicke und setze mich aufs Sofa.

»Du bügelst die Babybodys? Ehrlich?«

Anne nickt ernsthaft.

»Ja, alles. Des möget bei uns alle lieber. Ich kann des net sehe, wenn des so krumpelig isch. Aber bei de Badetücher hab ich's mittlerweile aufgebe, also man muss es net übertreibe, find ich.«

Ich sehe mir die zusammengelegte Wäsche an. Sogar Geschirrhandtücher und Socken sind gebügelt. Hmm. Ob ich es zugebe?
»Ich bügle nicht.«
Anne hält inne.
»Ja, des isch natürlich a bissle übertriebe bei mir, selbscht mei Mutter bügelt koine Unterhemden mehr.«
»Ich bügle gar nix. Höchstens, wenn ich ein Kleid oder eine Bluse anziehen will und die total verknittert ist.«
»Und die Hemden von deim Mann?«
»Nein. Ich finde, die stehen ihm auch ungebügelt hervorragend. Der ist nicht so der spießige Typ.«
Anne schnappt nach Luft.
»So locker wär ich auch gern.«
Ich werde rot und schäme mich ein bisschen. Anne ist schließlich auch berufstätig. Dazu die zwei Kinder und ein Kaninchen. Trotzdem sieht alles ordentlich aus, und sie bügelt auch noch. Unbehaglich zucke ich mit den Schultern und greife nach meinem Kaffee. Zu hektisch, ein großer Schwall landet auf meiner Brust. Anne quiekt auf.
»Oje, gang schnell ins Bad, da isch Gallseife. Komm, vor sich's neihockt.«
Das bedeutet, bevor sich der Fleck festsetzt. Flecken werden von Schwäbinnen gnadenloser gejagt als Filmstars von Paparazzi. Sie inspiziert das Sofa, das aber Gott sei Dank fleckenfrei geblieben ist, und scheucht mich ins Bad. Ich wische mir über die Brust und seufze. Das steck ich nachher in die Waschmaschine, das »hockt sich schon nicht nei«, denke ich. Anne ist mittlerweile mit dem Bügeln fertig. Sie schaut auf die Uhr.
»Oh, ich muss gleich los. Ich zieh mir bloß gschwind was Gescheites an.«
Sie sprintet ins Schlafzimmer, während ich unsere Gläser in die Küche trage. Ich stehe etwas unschlüssig da. Soll ich die Sachen wegräumen? Das wär ja wohl das Mindeste, oder? Ich nehme die Keksschale und öffne den Küchenschrank. Da purzeln

mir Lätzchen, Plastikbecher und Tupperdosen auf den Kopf. Ich hebe sie auf, stopfe sie in den chaotischen Schrank zurück und schließe schnell die Tür. Und bin erleichtert. Wenigstens ein bisschen Unordnung. Anne kommt zurück. Statt der schlichten blauen Stoffhose trägt sie jetzt eine total zerfetzte Jeans. Ich muss kichern.

»Ist das deine gute Hose?«

Anne ist konsterniert.

»Ja klar. Die kann ich doch net zum Putze anziehe, weisch, was die kostet hat?«

Ich geb's auf. Die Designerlöcher sehen zu ihrer gebügelten Bluse und dem Halstuch irgendwie skurril aus, aber ich hab wahrscheinlich auch davon keine Ahnung. Anne ist total überzeugt. Gemeinsam steigen wir die Treppe hinunter und verabschieden uns.

»Wo gehst du denn jetzt hin?«

»Ich muss unsere Ferienwohnung noch putzen. Da fehlen auch die Abflusssiebe in der Dusche.«

Fehlende Abflusssiebe geben Sternchen-Abzug bei der Bewertung. Zumindest wenn die Feriengäste aus Schwaben kommen.

»Aha. Hast du deine Putzhose dabei?«

Anne kichert.

»Ja, freile.«

Diese Schwäbinnen. Wie machen sie das bloß?

Die Woche darauf lade ich meine Freundinnen zum Kaffeetrinken ein. Vorher räume ich die ganze Wohnung auf, staubsauge und wische. Als sie hereintreten, sage ich: »Entschuldigt, bei mir sieht's ohmeglich aus, ich bin net zum Putze komme.«

Anne umarmt mich.

»Des isch net schlimm, des kennet mir doch von dir. Da, ich hab dir was mitbracht. Damit kannsch dein ganze Haushalt viel besser organisieren.«

Ich bin einerseits etwas beleidigt, dass meine Tiefstapelei so nach hinten losgegangen ist, andererseits freue ich mich auf Annes Geschenk. Natürlich ist es so schön eingepackt, dass ich es vorher fotografieren müsste. Nach einer Bewunderungsminute reiße ich das Papier auf.

»Oh. Ein Mondkalender?!«

Damit hatte ich wirklich nicht gerechnet. Was soll ich denn damit anfangen?

Anne lacht über mein verwirrtes Gesicht. »Pass auf, da kann man alles super plane drmit. Also ich trag mir glei sämtliche Friseurtermine des Jahres ei, des isch nämlich am besten beim Löwe-Mond, und damit du des net vergisch, schreibst es gleich auf und machscht auch glei einen Termin beim Friseur. Dann trägscht dir pro Woche eine Sache ein, die du in der Wohnung auf Vordermann bringsch. Also zum Beispiel die Hängeschränke im Bad in einer Wassermann-Woche oder den Backofen an einem Schütze-Tag. Staubsaugen immer bei Erde, wischen bei Wasser. Ich hab dir die wichtigschte Sachen neigschriebe.«

Ich blättere durch den Kalender, für jede Woche gibt es ein Blatt, das in sieben Tage unterteilt ist. Darüber steht ein Mond in der jeweiligen Phase und Symbole, die für Wellness, Putzen, Sport und Ähnliches stehen. Dazu hat Anne jede Menge Notizen gemacht. »Fingernägel schneiden« lese ich beispielsweise. Oder »Schuhe imprägnieren«. Dass man das an einem bestimmten Tag machen muss, finde ich erstaunlich, ich hab das bisher immer genau dann gemacht, wenn mir auffiel, dass es jetzt nötig war.

Ich bin fasziniert.

Ob mich der Mondkalender zu einer ordentlichen schwäbischen Hausfrau machen wird? Ich blättere weiter. »Hemden bügeln« steht da. Ich grinse Anne an.

»Netter Versuch.«

Isch des bio?

Wir schreiben das Jahr 2035, und ich lebe noch immer im Prenzlauer Berg.

»Isch des bio?«, scheppert es neben mir.

Ich blicke von meinem Beet auf. Die Baumscheiben zwischen Husemannstraße und Schönhauser Allee gehören zu meinem Urban-Gardening-Revier. Hier pflanze ich Salat, Tomaten und Staudengewächse. Herrlich, so in der Erde zu wühlen, die Pflanzen wachsen zu sehen und eigene Früchte zu ernten. Ich habe neben jedem Gärtchen einen Tütenspender für Hundehaufen eingerichtet. Papiertüten. Ich dünge lieber mit was anderem. Seitdem in Berlin keine Autos mehr fahren, schmecken die Tomaten auch viel besser. Nur meine Alblinsen wollen hier einfach nicht heimisch werden, das ist schade. Ich muss es doch nochmal auf »The Berg« versuchen, einem über tausend Meter hohen Massiv, das vor zehn Jahren auf dem ehemaligen Flughafengelände Tempelhof aufgeschüttet wurde, und wo wir immer Ski fahren und bergwandern gehen. So auf halber Höhe könnte ein Alb-Klima herrschen.

»Isch des bio?«, schallt es wieder.

Jetzt bin ich ganz rausgekommen. Die Mülleimer könnten auch mal wieder neu programmiert werden, die sind mittlerweile schon fast fünfzehn Jahre alt. Grundsätzlich finde ich die ja super. Sie registrieren genau, was in sie hineingeschmissen wird, und sagen dann entweder »Danke!«, »Des gehört in die Papiertonne!« oder »Des isch a Pfandflasche, bitte an der Sammelstelle abgeben!«. Toll ist das. Bruno-Hugo-Luis hat damals mit seiner

Schulklasse bei der Entwicklung mitgemacht und durfte die Sätze einsprechen. Eigentlich kommt es nur noch selten vor, dass die Mülleimer einschreiten müssen, deswegen stehe ich auf, um dem Mitbürger zu helfen. Vermutlich ein Tourist, der sich mit Smart Citys net auskennt.

»Was hend Sie denn neigschmisse?«, frage ich freundlich. Der Mann sieht mich verzweifelt an.

»Meine Stulle. Ich hatte welche als Reiseproviant dabei, aber irgendwie schmeckte der Fleischsalat komisch.«

Ich nicke sorgenvoll. Wie ich es mir gedacht habe. Der Mann kommt wahrscheinlich von weiter weg. Aus einem der Randbezirke Berlins vielleicht, Wolfsburg oder womöglich Guben. Berlin wächst ja weiterhin rasant. Meine Freundin Karla aus Neuruppin ist mittlerweile innerhalb vom äußeren S-Bahn-Ring, das finde ich prima.

Aber was mach ich denn jetzt mit diesem Wurstbrot? Zum Glück hab ich meine Gartenhandschuhe dabei. Beherzt ziehe ich das Brot aus dem grünen Mülleimer mit der Aufschrift »BIO«.

»Also, erschtens hend Sie des mit der Tüte zusammen weggeschmissen, und das scheint kein kompostierbares Plastik zu sein.«

Der Mann schüttelt schuldbewusst den Kopf.

»Nee, 'tschuldigung, da hab ich gar nicht dran gedacht.«

Verlegen steckt er die Tüte ein und will das Brot wieder in die Tonne werfen.

»Momentle! Des wird net klappen. Jetzt gucken wir uns des mal an. Aha. Weißmehl. Gut, des kann man mache, ich find es net so gut, aber egal. Dieser Fleischsalat allerdings ... Wo ischn der her?« Ich bemühe mich, weiter freundlich zu sein, obwohl sich mir die Nackenhaare aufstellen. Also wirklich. Das sieht ja aus wie aus dem letzten Jahrtausend! Diese Mayonnaise sticht einem richtig in der Nase.

Der Mann wird rot und stottert: »Aus dem Supermarkt.«

Ich seufze. Ich muss gar nicht weiterfragen, das ist kein Bioprodukt, so viel ist klar. Aus dem Prenzlauer Berg hat er das jedenfalls nicht. Hier sind nicht-biologische Lebensmittel zwar nicht offiziell verboten, kommen aber praktisch nicht mehr vor. Was mach ich denn jetzt?

»Sie können es natürlich in die Sondermülltonne tun, aber des isch kostenpflichtig. Warte Sie mal ...«

Ich erspähe meine Freundin Anne, die mit ihrem E-Bike angefahren kommt. Ich winke, und sie hält neben mir an.

»Hallo. Ach schön, dich zu treffen. Dann lad ich hier gschwind mein Akku auf.«

Sie steckt den Akku in die Ladestation neben dem Mülleimer.

»Sag mal, Anne, ihr habt doch die Schweine auf der Dachterrasse, gell?«

Anne nickt stolz. Sie blickt zu dem Mann, der bedröppelt neben mir steht, und erklärt: »Schwäbisch-Hällisches Landschwein, die ›Mohrenköpfle‹ wissen Sie?«

Er nickt verwirrt. Ich halte Anne das Brot hin.

»Könntet die so was essen?«

Annes Augen verengen sich. Sie schnüffelt an dem Brot und verzieht das Gesicht.

»Also, sie könnten wahrscheinlich schon, aber ... Noi, ehrlich gesagt, net so gern.«

Der Mann reibt sich verzweifelt die Hände. Er tut mir richtig leid. Anne offenbar auch.

»Gebet Sie's her. Ich bring's dem Hund von unserm Hausmeister mit, der frisst alles.«

»Danke«, stammelt der Mann erlöst und sucht das Weite. Anne und ich sehen ihm nach.

Ich fasse mich wieder. »Weisch du was?«, frage ich. »Gestern hab ich die Zusage von der Kita Knatterpups gekriegt!«

Anne schreit begeistert auf und umarmt mich.

»Mensch, toll! Für alle?«

»Erstmal für zwei, aber das ist in Ordnung, Geschwisterkinder haben es ja dann einfacher.«

»Des stimmt. Und ab wann?«

»Ab 2039. Des isch prima. Wir wissen ja net, wann die Kinder mal Nachwuchs kriegen, aber ich denk, net in den nächsten zwei Jahren. Der Bruno-Hugo-Luis will ja jetzt endlich ins Ausland. Und wir haben doch jetzt nächste Woche den Termin für den neuen Pass.«

Ich bin schon aufgeregt. Das mit dem Pass hab ich ja wirklich vermasselt. Bruno-Hugo-Luis wollte eigentlich nach der Schule schon ein Auslandsjahr machen, aber ich hatte nicht aufgepasst, und sein Pass war fast abgelaufen. Natürlich habe ich sofort einen Termin beantragt, um einen neuen Pass zu bekommen, aber das geht nun mal nicht so rasant. Die Verwaltung in Berlin ist leider nicht schneller geworden in den letzten Jahren. Ich habe mich Anfang 2029 gemeldet – da war der früheste Termin eigentlich erst 2038. Zum Glück kannte mein Mann jemanden, der jemanden in der Verwaltung kennt, und so sind wir nach vorne gerutscht. Der Fehler passiert mir immerhin nicht mehr, jetzt mache ich schon beim Abholen des Passes einen Termin aus, um den neuen zu beantragen. Dafür hab ich jetzt schon zwei Kitaplätze für die Enkelkinder. Die hab ich schon kurz nach der Geburt von Wikipedia angemeldet. Vorsichtshalber drei für jeden. Der Trend geht aktuell wieder zum Viertkind, deswegen ist das schon etwas gewagt, aber wir lassen das ganz entspannt auf uns zukommen. Momentan sieht es noch nicht nach Nachwuchs aus. Meine Kinder haben beide studiert – Irgendwasmit-Medien. Wikipedia ist Designerin, das hatte ich mir ja schon vor Jahren gedacht. Ihre Frühwerke trage ich heute noch mit Stolz. Vorher hat sie erstmal ein Praktikum in der Waldorfschule gemacht. Jetzt ist sie grade in Asien, aber kommt nächsten Monat wieder, denn ihr Pass läuft auch aus. Bruno-Hugo-Luis wohnt noch bei uns. Er macht unheimlich spannende Projekte, ich bin sehr stolz.

Anne zieht ihren Akku aus der Ladestation und steckt ihn wieder an ihr Fahrrad. Ich recke mich und blinzle in die Sonne.

»Weisch was? Ich glaub, ich geh a Runde schwimmen. Kommsch mit?«

Anne überlegt. »Am Kollwitzplatz?«

»Ja.«

Ich liebe unseren kleinen Baggersee. Es wurde Zeit, dass wir im Prenzlauer Berg auch so was bekommen. Die Unterschriften für das Bürgerbegehren hatte ich ruckzuck zusammen, und jetzt haben wir einen Fluss an der Prenzlauer Allee und den Baggersee am Kollwitzplatz. Ich packe meine Gartenutensilien in mein Fahrradkörble. Da vibriert mein Smartphone.

»Anne!«

»Was?«, ruft sie erschrocken.

»Ich hab eine Einladung zur Eröffnung vom Willy-Brandt-Flughafen!«

Anne ist entzückt. »Hoi, isches schon so weit?«

Da vibriert wieder mein Handy.

»Mamiii!«, ruft Wikipedia am Ende der Leitung.

»Hallo Schätzle, wie geht's dir denn? Wieviel Uhr habt ihr denn grade in Peking?«

»Mamiii. Männebea. Shuei.«

»Wikipedia? Isch des Chinesi... Aua!«

Etwas klatscht mir aufs Gesicht. Annes Gestalt verschwimmt vor meinen Augen, als zerflösse sie im Nebel.

»Mami?«

Ich reiße die Augen auf. Die Sonne scheint auf mein Bett. Wikipedia sitzt neben mir und versucht, ihrem Bären einen Hausschuh anzuziehen. Ich soll ihr offenbar dabei helfen. Erstaunt sehe ich sie an. Sie ist so klein. Die Türe schwingt auf. Bruno-Hugo-Luis krabbelt aufs Bett.

»Mami, weißt du, was ich geträumt habe?«

»Nein, mein Schatz.«

Aber mir ist plötzlich sonnenklar: Ich habe geträumt. Wäre ja auch zu verrückt, das alles. Oder?

Danksagung

Ich bin so dermaßen dankbar für das ganze wilde Durcheinander, das mit der Prenzlschwäbin über mich hereingebrochen ist, dass ich gar nicht weiß, wo ich anfangen soll.

Ich danke Berlin mit allen schrägen, tollen, verrückten, liebenswerten Menschen darin, das jeden gleich schnodderig-freundlich aufnimmt. Danke an all die verrückten und liebenswerten Menschen, die mich zu meinen Geschichten inspiriert haben und immerzu inspirieren. Und herzlichen Dank an alle Leser und alle Freunde und Fans der Prenzlschwäbin in Berlin, in Schwaben und überall dazwischen. Es geht eine herrliche Kraft von eurem Humor und eurem Zuspruch aus!

Ich danke Christiane, die gesagt hat, ich soll doch mal was auf Schwäbisch aufnehmen.

Tausend Dank an Graf&Graf, meiner Literaturagentur, und da besonders an Julia Eichhorn, die an mich geglaubt hat und meinte: Schreib was mit 'ner Schwäbin! Ich danke dir und Ulrika Rinke von Herzen für die großartige Unterstützung, für Rat und Tat!

Von ganzem Herzen lieben Dank Johannes Engelke, meinem Lektor bei Goldmann, sanft und beharrlich und ermutigend hast du mich freundlich in die richtigen Bahnen gelenkt und mir dabei viel Freiheit gelassen. Und außerdem das ganze Projekt angeschubst!

Danke allen bei Pacific Entertainment:

Wendy Luo, Sven Schäferkord, Joe Hugger und Timo Urso, die mit mir auf Prenzlschwäbin-Reise gehen – ihr seid toll.

Ich danke all meinen Freunden, die mich immer unterstützt haben, die mich zum Lachen bringen, mich ausheulen und sich nicht abwimmeln lassen, wenn ich wieder wochenlang keine Zeit für Treffen habe – ich liebe euch enorm: Todd, Nina, Jochen, Ben, Tina und Vera, die auch bei meinen Clips mitarbeiten, Smilla, Astrid, Sebastian, Karin, Beryl, Anna, Lisa, Laura, Dafne, Angi, Ulrike, Jana, Andi, Jakob, Annique, Stefan (ich mag eure Hunde!) und danke Tobias Goldfarb, dem besten Kinderbuchautor von allen für Rat und Ermutigung!

Die tollen Menschen, die ich durch meine Kinder kennengelernt habe, und die Freunde und Inspiration geworden sind – Petra, Stefan, Geraldine, Miso, Anja, Christoph, Katrin, Salome, Tobias, Kira, …

Vielen Dank an Florian de Gelmini und Salvadore Brandt für eure Unterstützung bei den Videos.

Danke auch an das Café Oslo (und Morten für das Foto), wo ich bei großartigem Kaffee in unaufdringlichem Hipster-Ambiente in meinem Laptop versunken bin, um dieses Buch zu schreiben. Und vielen Dank Thomas, der meinen Rücken nach dem Schreiben immer wieder grade gebogen und mich dabei aufs Herrlichste unterhalten hat.

Danke an meine ganze Familie, besonders Dinah, Philipp, Winfried und Astrid!

Danke, danke, danke meinen Geschwistern! Meine beiden tollen scharfzüngigen, liebevollen, witzigen Schwestern Eva und Kathrin, die in Baden-Württemberg wohnen und mich mit großartigen Geschichten von dort versorgen, mein genialer, saukomischer Bruder Martin, mit dem ich schon immer was zusammen machen wollte – außer der Nummer in der U-Bahn. Ich freu mich so sehr über alles, was wir gemeinsam machen!

Ihr lieben Eltern, Christa und Martin Schleker, seid ein eigenes Kapitel wert – ich sag jetzt einfach Danke! Ihr habt mir die Lust am Geschichtenerzähler beigebracht, die Neugier auf das Leben und die Vielfalt darin, Toleranz und das Talent zum Glücklichsein! Und seid immer da und unterstützt mich bei allen »spannenden Projekten«.

Danke meinen beiden wundervollen Kindern Karl und Luise – was seid ihr für ein Glück! Ihr seid so eine Inspiration, und ich bin so gespannt, was ich mit euch noch alles erleben darf! Mit euch und eurem Papa: Sebastian, meine große Liebe, der Wind unter meinen Flügeln und manchmal auch die Flügel selber – und überhaupt alles!